성경적 아내교실

여성의 치유와 성장을 위한
성경적 아내 교실

지은이 | 이기복
초판 발행 | 2014. 3. 10
12쇄 발행 | 2024. 7. 2.
등록번호 | 제3-203호
등록된 곳 | 서울특별시 용산구 서빙고로 65길 38 두란노빌딩
발행처 | 사단법인 두란노서원
영업부 | 2078-3333 FAX | 080-749-3705
출판부 | 2078-3444

책값은 뒤표지에 있습니다.
ISBN 978-89-531-2029-7 03230

독자의 의견을 기다립니다.
tpress@duranno.com   http://www.duranno.com

두란노서원은 바울 사도가 3차 전도 여행 때 에베소에서 성령 받은 제자들을 따로 세워 하나님의 말씀으로 양육
하던 장소입니다. 사도행전 19장 8-20절의 정신에 따라 첫째 목회자를 돕는 사역과 평신도를 훈련시키는 사역,
둘째 세계선교(TIM)와 문서선교(단행본 · 잡지) 사역, 셋째 예수문화 및 경배와 찬양 사역, 그리고 가정 · 상담 사역 등을
감당하고 있습니다. 1980년 12월 22일에 창립된 두란노서원은 주님 오실 때까지 이 사역들을 계속할 것입니다.

여성의 치유와 성장을 위한 **성경적 아내 교실**

Grace-full Wives

이기복 지음

두란노

프롤로그 복음으로 회복되는 아내

"내가 너로 여자와 원수가 되게 하고 네 후손도 여자의 후손과 원수가 되게 하리니 여자의 후손은 네 머리를 상하게 할 것이요 너는 그의 발꿈치를 상하게 할 것이니라"(창세기 3:15).

예수님은 여자의 후손으로 오셔서 사탄의 머리를 상하게 하셨습니다. 그것이 인류를 죄에서 구원한 십자가의 복음입니다. 순종의 여인 마리아를 통해 예수님은 이 땅에 오셨습니다. 지금도 만군의 하나님께서는 주의 재림을 위해 주의 말씀에 열려 있고 순종하는 남성과 여성들을 찾고 계십니다. 특히 하나님 나라의 완성을 위해서 말씀에 순종하는 여성을 찾고 계십니다. 여성의 역할이 더욱 중요한 시대에 우리는 살고 있기 때문입니다.

이러한 때에 남녀를 차별하고, 여성을 영적 자원으로 활용하지 못하는 것은 하나님 나라에 커다란 손해를 가져옵니다. 아직도 유교적인 관점에서 여성을 제한하는 것은 하나님의 마음이 아닙니다. 교회는 여성을 회복시켜야 합니다. 여성을 세워 주어야 합니다. 세상적인 남녀평등이 아니라, 성경적인 관점에서 여성의 존귀함과 여성의 위치를 회복시켜 주어야 합니다. 여성의 은사와 능력도 개발하여 세워 주며, 적절하게 활용하는 열린 마음이 필요합니다.

《성경적 아내 교실》은 여성의 권리를 주장하는 책이 아닙니다. 단지 성경에서 말씀하시는 여성의 역할에 대해 함께 연구하고자 쓴 책입니다. 또한 그동안 들어왔던 유교적 순종을 재차 강조하는 것도 아닙니다. 단지 예수님의 순종, 예수님의 겸손, 예수님의 능력을 함께 배워가기를 원합니다. 복음으로 회복되는 아름다운 아내, 능력 있는 여성으로 사는 법을 배우고자 이 책을 집필했습니다.

아내가 회복되면 남편도 회복됩니다. 물론 교회와 사회도 회복됩니다. 아내의 사명은 높이 평가되어야 합니다. 가정에서 기도하는 아내, 남편을 세워 주는 아내, 자신을 발전시키는 아내가 될 수 있어야 합니다. 이 책을 통해 많은 여성들이 예수님을 다시 주님(Lord)으로 영접할 수 있기를 바랍니다. 또한 자신의 소중함을 깨닫고 영적으로 깨어날 수 있기를 바랍니다. 아내의 사명을 성령님의 능력으로 잘 감당하여, 주님 다시 오실 날을 준비할 수 있기를 바랍니다. 당신은 아름다운 여성입니다. 능력 있는 아내입니다. 당신을 통해 하나님 나라는 완성될 것입니다.

2014년 3월
이기복

인도자는 이렇게 이끌어 갑니다

1 인도자는 지식을 전달하는 강사가 아니라, 참여자들(group)이 스스로 답(문제 해결)을 찾도록 그룹의 효과적 진행을 돕는 촉진자(facilitator)입니다. 시간과 환경을 잘 조성하고 진행합니다. 특히 참여자 한 사람 한 사람을 따스하게 환영하면서 관심을 기울여야 합니다. 참여자들을 위한 기도제목을 기록하고, 중보기도를 지속하는 것이 인도자의 주요한 사명입니다.

2 이 책은 여성의 회복과 성장을 위해 쓴 여성들을 위한 책입니다. 자매님들의 그룹 스터디(small group study)로 활용하십시오. 함께 모여 기도하고 읽으며 나눔을 하다 보면 서로 치유와 성장을 경험하게 될 것입니다.

3 한 그룹의 인원은 5명 정도가 좋습니다. 그룹원이 많으면 충분히 나누기 어렵기 때문에 집단이 클 때에는 5명 정도의 소그룹으로 여러 테이블로 만들면 좋습니다.

4 일주일에 한 번 정기적으로 모여 10주를 진행해 보십시오. 10주 동안 결석 없이 참석할 수 있도록 독려하시고 이끌어 주십시오. 공부를 잘할 수 있도록 환경과 분위기를 조성해 주십시오.

5 스터디 중에 서로 경청하고 반응하는 것을 잊지 마십시오. 어느 한 사람의 독무대가 되지 않도록 주의해야 합니다. 모두가 참여할 수 있도록 하며, 어느 한 사람이 나눔을 하는 동안에는 모두 경청하고 공감하며 잘 들어주어야 합니다.

6 그룹 스터디 중에 조심할 것이 있습니다. 누군가를 고치고 가르치려는 태도를 내려놓으십시오. 엉뚱한 소리를 해도 비판하는 마음을 내려놓아야 합니다. 토론 중에 이견이 있어도 그대로 용납하며 자유하십시오. 모두 자기 자신에게 적용하기를 노력하십시오. 자신이 변화해야 할 부분을 찾으십시오.

7 그룹 스터디를 지나치게 형식적이거나 딱딱한 분위기로 연출하지 마십시오. 밝고 즐겁고 아늑한 분위기를 만드십시오. 서로 환영하며 용납하는 분위기로 이끌어 가십시오. 기도로 시작하고, 기도로 마치십시오. 오랜 시간 기도하지 말고 마음을 다해 집중력 있게 기도하십시오.

8 모든 것을 성령님께서 운영하시도록 맡겨 드리십시오. 그러면 성령님께서 각 심령을 만지시며 가르침과 응답을 주실 것입니다. 인도자는 성령님께서 잘 운행하실 수 있도록 깨끗하고 겸손한 통로가 되어야 합니다.

9 무엇보다 중요한 것은 사랑입니다. 사랑이 없으면 아무 것도 아니기 때문입니다. 그룹과 인도자를 통해 한 영혼 한 영혼이 예수님의 겸손과 사랑을 느낄 수 있도록 해 주어야 합니다. 궁극적으로는 '성경적 아내 교실' 공부를 통해 자매님이 예수님을 인격적으로 만날 수 있다면 나눔은 성공적으로 진행된 것입니다. 할렐루야!

contents

1과

나는 누구인가?

과거의 상처에서 벗어나라

Grace-full Wives

사람은 누구나 백지와 같은 상태로 태어납니다. 아직 자신이 누구인지 전혀 알 길이 없습니다. 그러나 성장하면서 주위 사람들에 의해 자신의 밑그림이 그려지기 시작합니다. 엄마, 아빠, 조부모, 선생님, 친구들 그리고 그 시대의 문화와 가치관 등에 영향을 받으며 자아상(self-image)이 형성되기 시작합니다. 특히 부모의 역할은 가장 지대합니다. 바로 곁에서 엄마 아빠가 알게 모르게 심어 주는 메시지에 따라 아름다운 자아상을 소유할 수도 있고, 왜곡된 자아상을 가질 수도 있습니다. 마치 부모는 아기의 거울과 같습니다. 아기는 부모의 얼굴을 마주보면서 자기 자신을 만들어 갑니다. "너는 귀한 존재다"라고 해주면 자신이 귀하다는 자아상을 형성하게 되고, "너는 형편없고 무가치한 존재다"라고 입력해 주면 자신을 형편없는 존재로 믿게 됩니다. 그렇게 형성된 자아상은 청소년 시기와 성인이 된 후에 자신감, 대인관계, 가족관계, 자아 성취 및 정신 건강에 막강한 영향을 끼치게 됩니다.

1. 과거의 나

1. 나는 어린 시절 어떤 말을 듣고 자랐는가?

당신은 어린 시절에 어떤 말을 듣고 자랐습니까? 부모로부터 어떤 메시지를 전달받았습니까? "너는 소중한 존재다", "네가 태어나서 기쁘다", "너는 사랑스러운 존재다", "너는 이것도 잘 하는구나", "사람들이 너를 좋아한단다", "하나님도 너를 기뻐 하실 거야" 같은 말을 듣고 자랐다면, 당신은 지금 누가 뭐라고 해도 밝은 자아상을 가지고 매사 자신감 있게 살아갈 것입니다. 그러나 반대로 "실망스럽다", "뭐 하나 잘하는 게 없다", "마음 에 안 든다", "왜 재수 없이 딸로 태어났니?", "누가 너를 좋아 하겠니?", "하나님도 너를 보면 실망하실 거야" 같은 거짓 메시 지를 듣고 자랐다면 당신은 실망스러운 존재라고 믿고 있을 것 입니다. 자신이 실망스런 존재라고 믿는 사람은 자기 자신을 사 랑하기 힘들고 다른 사람도 건강하게 사랑하기 힘듭니다. 당신 은 부모로부터 어떤 말을 듣고 자랐습니까?

우리나라도 남존여비와 남아선호 사상으로 인해 딸이 환 영받지 못하던 시절이 있었습니다. 현대에도 인도와 아랍권, 아프리카 등지에서는 여전히 딸로 태어난 것 자체를 저주와 불행이라고 여기고 있습니다. 참으로 안타까운 일입니다. 그 런 문화권에서 딸로 태어나 성장하게 된다면, 어쩔 수 없이 여성으로 태어난 것에 대해 수치심을 느끼고 자기비하의 자 아상을 가질 수밖에 없습니다. 그것은 사탄이 주는 엄청난 거 짓말인데 말입니다. 그 결과 수많은 딸들은 왜곡된 자아상으 로 평생 불행한 삶을 살게 됩니다.

당신은 어떻습니까? 딸로서 환영받으며 태어났습니까? "너는 소중한 딸이다", "너는 보물이다", "네가 딸로 태어나서 기쁘다", "너는 아름답고 사랑스럽다"라는 말을 듣고 자랐습니까? 아니면 반대로 딸로 태어났다는 것 때문에 왠지 무가치하고 열등하고 부끄럽다는 메시지를 받고 자랐습니까? 당신의 아버지는 당신이 딸인 것 자체만으로도 기뻐하며 사랑해 주었습니까? 반대로 딸이라는 이유로 부당하게 차별하고 소홀히 대했습니까? 혹시 딸이라고 학대받지는 않았습니까? 당신의 마음속에 남아 있는 아버지로부터 입력된 메시지는 무엇입니까? 그로 인해 현재 나의 가족관계에 미친 영향은 무엇입니까? 한번 깊이 생각해 보고 서로 나눠 보는 시간을 가지십시오.

🕐 **나눔** 아버지는 나를 딸로서 어떻게 대하셨습니까? 어머니는 나를 딸로서 어떻게 대하셨습니까? 그러한 부모님의 태도가 나에게 끼친 영향은 무엇입니까?

2. 부모님의 결혼생활은 어떠했는가?

이제는 부모님의 결혼생활을 돌아보십시오. 아버지는 남편으로서 어떤 분이었나요? 아내를 아끼고 보호하며 사랑하는 분이었나요, 아니면 아내를 무시하고 학대하는 분이었나요? 만일 어린 시절, 아버지가 아내인 어머니를 아끼며 사랑하시는 모습을 보고 자랐다면 당신은 여성으로서 역시 사랑받고 존중받는 자아상을 지니게 되었을 것입니다. 반대로 어머니가 아버지로부터 구박받고 무시당하는 것을 보면서 자랐다면, 아무래도 당신은 남성에 대해 부정적인 선입관을 갖게 되었을 것입니다. 동시에 무시당하는 여성상이 무의식중에 자리 잡아서 스스로를 존중하지 않을지도 모릅니다. 그래서 조금만 무시당해도 쉽게 분노할지도 모릅니다.

한편, 어머니는 어떤 여성이었나요? 당당하고 행복한 여성이었나요? 남편을 지혜롭게 세워 주는 아내였나요? 아니면 자기비하와 열등감에 사로잡힌 분이었나요? 분노가 많아서 언제 터질지 모르는 활화산 같은 분은 아니었나요? 항상 우울하고 불평하고 원망하는 분은 아니었나요? 어머니에 대한 기억이 전반적으로 어땠나요? 어머니에 대한 기억이 현재 나의 삶에 어떤 영향을 미치고 있나요? 나의 결혼생활과 자녀교육에 끼치는 영향은 무엇인가요?

🕐 **나눔** 나의 어머니는 어떤 여성이었습니까? 아내로서는 어땠습니까? 어머니의 결혼생활이 현재 나의 결혼생활에 끼치는 영향은 무엇입니까?

★ **왜 여성상이 중요한가?**

여성상이란 내가 여성으로서 어떤 존재인가에 대한 자아상이다. 보통 딸은 어머니의 삶을 동일시(identification)하면서 여성상을 형성하게 된다.

가정에서 사랑받고 보호받고 존중받는 어머니를 보며 성장한 딸이라면 자기 자신도 당연히 사랑받고 존중받기에 적합한 여성상을 가지고 살아갈 수 있게 된다.

3. 나에게 상처를 준 특별한 사건은 무엇인가?

우리 삶에는 나름대로 힘들고 고통스러운 기억이 있습니다. 가난이나 부모님의 이혼, 아버지의 사업 실패, 혹은 사랑하는 가족의 죽음 등이 나의 삶에 충격과 어두움을 주었을지도 모릅니다. 또는 학교에서 공부를 못했거나 따돌림을 당한 기억도 있을 것이고, 심지어 누군가로부터 성폭행당한 기억도 있을 수 있습니다. 그러한 과거의 사건들은 현재 나의 자아상에 부정적 영향을 끼치고 있을 것입니다.

　우리는 과거가 어떠했건 간에 새로운 삶을 선택할 수 있습니다. 행복과 축복의 삶을 시작할 수 있는 것입니다. 특히 성폭행은 나의 자아상에 커다란 손상을 남깁니다. 그러나 성폭행은 나의 잘못이 아닙니다. 나에게는 책임이 전혀 없습니다. 나는 단지 사고를 당했을 뿐입니다. 행여 지금까지도 수치심과 죄책감, 열등감 등을 갖고 있다면 이제 과감히 버리십시오. 사탄이 주는 거짓말에 속지 마십시오. 나는 여전히 고귀한 하나님의 딸, 당당한 여성, 순결한 여성이라는 사실을 믿고 선포하십시오. 이제부터 나 자신을 지키며 순결하게 살면 됩니다.

2. 부정적 자존감

지금까지 돌아본 과거의 사건들은 현재 나의 자아상 또는 자존 감(self-esteem)에 영향을 끼치고 있습니다. 자존감은 자아상(self-image), 자기가치감(self-worth), 자신감(self-confidence) 등과 함께 쓰이는 단어입니다. 자존감은 자신의 특성과 가치, 능력에 대한 믿음, 생각, 느낌, 기대를 포함하는 개념으로서 자신을 어떻게 바라보고 느끼는가와 관련된 자기가치 척도입니다. 긍정적 자존감은 삶의 질을 향상시키고 행복감을 느끼는 일과 직결되며 부부관계와 모든 대인관계에도 좋은 영향을 끼칩니다. 반대로 부정적 자존감은 삶의 질을 떨어뜨리고, 부부관계 등 대인관계에 해로운 영향을 끼칩니다.

이제 내 안에 내재되어 있는 부정적 자존감의 항목들을 체크해 보겠습니다. 다른 사람들에게 보여 주는 것이 아니므로, 진솔하게 자신을 들여다보며 점검해 보기 바랍니다.

부정적 자존감 체크리스트

① 전혀 그렇지 않다　　② 중간이다　　③ 정말 그렇다

( ) **1** 나는 다른 사람이 나를 어떻게 생각할까에 대해 신경이 많이 쓰인다.

( ) **2** 나는 다른 사람에게 칭찬과 인정을 받으려고 애쓰고 눈치를 본다.

( ) **3** 나는 칭찬과 인정을 받지 못하면 힘들고 속이 상한다.

( ) **4** 나는 지난 실수에 대한 후회와 자책을 떨쳐 버리기가 어렵다.

( ) **5** 나는 누가 나에 대해 지적하면 매우 방어적이 되고 화가 난다.

( ) **6** 나는 부정적인 말들을 많이 하는 편이다.

( ) **7** 나는 돈이나 지위나 직책으로 사람들로부터 인정받으려 한다.

( ) **8** 나는 다른 사람에 대해서 쉽게 비판적이 된다.

( ) **9** 나는 다른 사람과 나를 자주 비교하곤 한다.

( ) **10** 나는 돈을 많이 소유해야 인정받고 행복할 수 있다고 생각한다.

( ) **11** 나는 솔직히 외모에 자신이 없다.

( ) **12** 나는 완벽하고 실수가 없어야 한다.

( ) **13** 나의 현재 불행은 다른 사람(남편, 자녀, 시댁 등) 때문이라고 생각한다.

( ) **14** 나는 우울하고 무기력하고 희망이 없을 때가 많다.

( ) **15** 나는 염려와 걱정이 많은 편이다.

⊙ **나눔**　위 항목 중에 ③번으로 평가된 것에 대해 생각해 보십시오. 왜 그러한 것들이 형성되었는지, 그러한 생각들이 어디서 온 것인지, 그리고 그것이 현재의 삶과 부부관계 및 자녀와의 관계에 미치는 영향이 무엇인지 생각해 보십시오. 진솔하게 서로 나누어 봅시다.

3. 성경적 자존감

과거는 단지 지나가 버린 사건이 아닙니다. 그냥 묻어 버린다고 해결되는 것이 아닙니다. 과거는 현재 나의 삶에 어떤 의미로든 순간순간 영향을 끼치고 있습니다. 과거에 체험한 기억과 감정은 나의 뇌에 남아 있어서, 지금의 모든 인간관계와 가족관계에 무의식적으로 그러나 실제적으로 영향을 주고 있습니다. 그러나 과거에 형성된 부정적 자존감은 하나님이 기뻐하시는 것이 아닙니다. 이제 무의식적인 것을 의식적으로 해석해 내면서 그 영향을 바꿀 수 있습니다.

이렇게 해석해 보십시오. '과거에 그랬기 때문에 내가 지금 이런 거구나', '거짓 메시지에 내가 반응하고 있는 거구나', '거짓 메시지는 진리가 아니구나.' 그런 다음 거짓 메시지를 과감하게 거부하십시오. '나는 더 이상 불행한 사람이 아니다.' 이제 이렇게 결단하십시오. '이제 나는 거짓 메시지에 속지 않겠다'라고 믿음으로 선포하십시오. 그리고 성경에서 말씀하시는 축복의 약속들을 나의 것으로 받아들이는 것, 그것이 성경적 자존감입니다.

하나님은 당신을 보배롭고 존귀하고 귀한 존재로 사랑하셨습니다(이사야 43:4). 이 진리의 말씀을 나에게 주시는 개인적인 메시지로 받아들이십시오. 그것이 믿음의 시작입니다. 또한 내가 어머니 뱃속에 잉태되는 순간부터 하나님은 나를 보고 계셨고, 알고 계셨고, 사랑하고 계셨다는 것을 믿음으로 받아들이십시오. 나는 어쩌다 우연히 태어난 사람이 아닙니다. 딸로 태어났기에 불행한 사람도 아닙니다. 나는 하나님의 계획하에 소중하게 창조된 아름다운 존재, 아름다운 딸입니다. 다음 말씀을 큰 소리로 선포하듯이 낭독해 보십시오.

" 주께서 내 내장을 지으시며 나의 모태에서 나를 만드셨나이다 내가 주께 감사하옴은 나를 지으심이 심히 기묘하심이라 주께서 하시는 일이 기이함을 내 영혼이 잘 아나이다 내가 은밀한 데서 지음을 받고 땅의 깊은 곳에서 기이하게 지음을 받은 때에 나의 형체가 주의 앞에 숨겨지지 못하였나이다 내 형질이 이루어지기 전에 주의 눈이 보셨으며 나를 위하여 정한 날이 하루도 되기 전에 주의 책에 다 기록이 되었나이다 " (시편 139:13-16).

★
**하나님이 창조하신
내 모습으로 돌아가자**

하나님은 내가 잉태되는 순간부터 당신을 향한 놀라운 그림과 목적(original design and purpose)을 계획하셨고 기대하셨다. 그러한 목적을 최고로 이루며 살 때, 하나님은 최고로 기뻐하신다. 그러나 사탄은 그러한 계획과 목적을 왜곡시키고 좌절시키고자 온갖 술수를 다한다. 우리가 아무렇게나 살고, 불행한 삶을 살면 사탄은 뛸 듯이 좋아한다. 사탄에게 협조하지 말자. 이제 나를 향한 하나님의 원래의 꿈을 되찾아 드려야 한다. 원래 계획하셨던 아름다운 그림으로 회복하여 하나님께 큰 영광을 돌려야 할 것이다.

하나님은 당신을 향한 계획이 있으십니다. 그 계획은 결코 당신의 불행한 삶이 아닙니다. 하나님 아버지는 당신이 더없이 행복하기를 원하십니다. 행복을 선포하십시오. 행복하기로 결단하십시오. 행복은 선택하고 만들어 가는 것입니다. 더욱이 당신은 혼자가 아닙니다. 아버지 하나님이 당신과 함께하십니다. 당신은 지금 그분의 손을 잡고 인생길을 걷고 있습니다. 물론 지금 현재의 상황이 힘들고 불행할 수도 있을 것입니다. 그러나 현재의 상황이 어떠하든지 간에 당신은 새롭게 출발할 수 있습니다. 과거에 불행했으나 예수님을 영접한 후 더없이 행복한 일생을 살게 된 사람의 스토리는 수없이 많이 있습니다. 이제 시작입니다. 예수님의 손을 붙잡고 기도해 보십시오. 그리고 새로운 삶을 시작하십시오. 행복의 여정을 시작하는 것입니다.

💝 **기도문**

창조주 하나님,

나를 유일무이한 존재,

소중한 존재로 창조하신 것을 믿습니다.

그동안 내가 보잘것없는 존재라고 믿었던

모든 열등감을 이제 거부합니다.

그것들은 사탄이 준 거짓말임을 알았사오니,

이제는 예수님 안에서 새로운 여성으로 살겠습니다.

새로운 피조물로 살겠습니다.

나를 향한 하나님의 뜻과 계획을 이루며 살겠습니다.

행복하게 살겠습니다.

믿음으로 살겠습니다.

주님께서 도와주실 줄 믿습니다.

나를 창조하신 예수님의 이름으로 기도합니다. 아멘.

◆ 앞의 부정적 자존감 테스트에서 ③번으로 평가된 항목 중에서 특히 변화되기 원하는 것을 선택하여 훈련해 봅시다. 그것에서 벗어날 수 있도록 한 문장의 기도로 하루를 시작하여 봅시다. 이것은 작은 변화를 실천해 보는 과제입니다. 너무 잘하려 하지 말고 하루에 한 번만 잘했어도 자신을 칭찬하고 감사해 보세요. 작은 변화는 큰 변화의 시작입니다.

예)

○ 오늘은 부정적인 말을 하지 않기 원합니다. 주님, 도와주세요.

○ 오늘은 다른 사람의 인정과 칭찬을 바라보며 반응하지 않겠습니다.

　주님, 도와주세요.

○ 오늘은 염려와 걱정을 의식적으로 하지 않겠습니다.

　염려가 올 때마다 하나님께 맡기겠습니다. 주님, 도와주세요.

○ 하나님, 오늘은 '나는 소중한 존재다'라고 마음속으로 외우며

　하루를 보내겠습니다.

○ 이제부터 하나님의 자녀로 당당하게 살겠습니다.

　주님, 도와주세요.

○ 오늘은 남편에게도 '감사하다'는 말을 표현하겠습니다.

　주님, 도와주세요.

◆ 나의 과제를 적어 보세요.

....

....

....

....

....

....

....

....

....

....

....

....

....

....

2과

새로운 나

하나님의 딸로서
새롭게 출발하라

Grace-full Wives

부정적 자존감에서 벗어나 '새로운 나'로 도약하는 첫걸음, 그것은 바로 믿음입니다. 믿음이란 막연한 관념이 아닙니다. 믿음은 살아 계신 하나님의 말씀을 신뢰하기로 결단하고 고백하는 것입니다. 하나님은 마음의 중심을 보십니다. 오늘 당신의 마음을 올려 드리십시오. 다음은 우리가 믿어야 할 내용입니다. 한 문장씩 진지하게 고민하며 읽어 보기 바랍니다.

1. 하나님은 나를 귀하게 창조하셨고 사랑하셨다는 것을 믿습니다.

2. 그러나 그동안 나는 하나님에게서 멀리 떨어져 있었고, 하나님을 알지 못하여 제멋대로 살았던 것을 회개합니다. 용서하여 주십시오.

3. 이제 예수 그리스도께서 먼저 나를 찾으셨고, 십자가에서 나의 죄를 용서하셨고, 하나님과 나를 화목하게 하셨으며, 나를 새로운 사람으로 거듭나게 하신 것을 믿습니다.

4. 이것을 믿는 나는 이제 그리스도 안에 있기에 정죄받지 않음을 믿습니다. 그래서 나는 과거로부터 자유하다는 것을 믿고 선포합니다.

5. 이제부터 예수 그리스도께 나의 삶을 온전히 맡깁니다. 하나님의 자녀로서 주님의 손을 붙잡고 그분의 능력을 의지하여 말씀에 순종하며 살기로 결단합니다.

6. 이제는 나의 감정이 아니라, 하나님의 자녀라는 사실에 근거하여 '새로운 나'로 살기로 작정합니다. 주님께서 저를 도와주실 줄 믿습니다.

위의 내용이 당신의 진실한 고백이라면 당신은 거듭난 것입니다. 하나님의 자녀가 된 것입니다. 이제 과거에 속지 마십시오. 감정에도 속지 마십시오. 하나님의 신실한 약속이기에 당신은 하나님의 자녀로서 새롭게 출발할 수 있습니다. 당신은 이제 과거의 사람이 아닙니다. 하나님의 소중한 딸로서 '새로운 나'로 살기 시작하는 것입니다.

1. 자존감 회복

1과에서는 '과거의 나' 속에 자리 잡은 부정적 자존감을 살펴보았습니다. 그러한 부정적 자존감의 항목들에 의해 나도 모르게 억눌려 살던 지난 시절의 삶을 돌아보았습니다. 이제는 그러한 과거에서 벗어나 '새로운 나'로 살아야 합니다. 과거의 습관에서 벗어나 새롭고 건강한 모습으로 살아야 합니다. 자존감은 회복될 수 있습니다. 하나님의 사랑을 듬뿍 받으면서 건강한 여성으로 힘차게 살아갈 수 있습니다.

그러기 위해 긍정적 자존감의 항목들을 체크해 봅시다. 다른 사람에게 보이기 위함이 아니라 진정한 변화를 위한 것이므로, 솔직하게 자신을 들여다보며 점검해 보기 바랍니다.

긍정적 자존감 체크리스트

① 전혀 그렇지 않다　　② 중간이다　　③ 정말 그렇다

( ) **1** 나는 가족과 주위 사람들과 좋은 관계를 맺고 있다.

( ) **2** 나는 나의 실수와 잘못에 대해 변명하지 않고 받아들이며 인정한다.
　　　　(누구나 실수할 수 있다고 생각하기 때문이다.)

( ) **3** 나는 삶을 즐겁게 사는 편이다.

( ) **4** 나는 나에게 단점도 있다고 인정하고 받아들인다.

( ) **5** 나는 나의 외모를 고치지 않아도 그런 대로 아름답다고 생각한다.

( ) **6** 나는 어려운 일이 닥치면 힘들어도 잘 극복해 나갈 수 있다.

( ) **7** 나는 열등감, 수치심, 죄책감, 분노 등이 많지 않다.

( ) **8** 나는 다른 사람들 앞에서 나의 의견과 생각을 잘 표현한다.

( ) **9** 나는 일이 내 뜻대로 되지 않아도 결국은 잘될 것이라 믿는다.

( ) **10** 나는 내 성품이 어떻게 더 변화되어야 하는가에 대해 생각하며 노력한다.

( ) **11** 나 역시 다른 누구들처럼 일들을 잘해 낼 수 있다는 자신감이 있다.

( ) **12** 나는 대체로 나의 이 모습 그대로 만족한다.

( ) **13** 나는 옆에 있는 사람들을 위로하고 격려하기를 잘한다.

( ) **14** 나는 감사와 사랑을 가족과 이웃에게 잘 표현한다.

( ) **15** 나는 현재의 삶에 대해 하나님께 감사한다.

🕐 **나눔**　위의 항목 중에 ③번으로 평가된 것에 대해 자랑해 보십시오.
그리고 어떻게 그런 긍정적 자존감을 갖게 되었는지 나누어 봅시다.

2. 회복을 위한 용서

진정한 회복을 위해 반드시 거쳐야 할 과정이 바로 용서입니다. 과거에 당신에게 상처를 준 사람을 용서해야 하는 것입니다. "아뇨, 난 그 사람을 용서할 수 없습니다. 그 사람이 나에게 행한 나쁜 일들을 생각하면 도저히 용서할 수 없습니다"라고 말하는 사람도 있을 것입니다. 맞습니다. 정말 용서하기 어려운 사람이 있습니다. 용서는 쉬운 일이 아닙니다. 그러나 용서는 가해자를 위해 하는 것이 아닙니다. 용서는 바로 나 자신을 위해 하는 것입니다. 용서는 내가 더 이상 과거의 피해자로 사는 것을 거부하고, 새로운 미래로 나아가기 위한 능동적이고 용기 있는 선택입니다. 따라서 용서는 약한 사람이 하는 것이 아니라, 오히려 능력 있는 사람이 할 수 있습니다. 용서를 해야만 참된 치유를 할 수 있습니다. 그래서 우리는 날마다 용서를 배워야 합니다. 그러면 참된 용서란 과연 무엇일까요? 진정한 용서의 내용은 다음과 같습니다.

1. 용서는 당신 앞에 새로운 인생의 기회가 기다리고 있다는 것을 깨닫고, 미래를 향해 나아가는 용기 있는 시작입니다. 그래서 용서는 행복과 평화의 삶을 선택하는 것입니다.
2. 용서한다는 것은 잊어버리거나 눈감아 주는 것을 의미하지 않습니다. 용서는 묵과, 기억 약화, 망각도 아닙니다. 용서는 과거에 대한 아픈 기억과 감정을 더 이상 느끼지 않는 것을 의미하지 않습니다. 용서를 해도 여전히 아프고 괴로울 수 있습니다. 용서는 단지 가해자에 대한 강박관념

과 미움을 이제부터 갖지 않기로 결단하는 것입니다.

3. 용서는 아무 일도 없었던 것처럼 다시 이전 관계로 돌아가는 것이 아닙니다. 학대를 여전히 받으면서 참고 견디는 것은 결코 용서가 아닙니다. 가해자로 하여금 당신의 존엄성을 무시하도록 허락하는 것이 용서가 아닙니다. 이제는 학대에 대해 "No"라고 말하며 자신을 보호할 줄 알아야 합니다. 그래서 용서하는 사람은 스스로 존엄성과 당당함과 능력이 있어야 하는 것입니다.

4. 왜 용서해야 할까요? 용서하지 않을 때 가해자와 피해자 모두 과거의 어두운 세력에 갇히기 때문입니다. 어둠의 세력으로부터 벗어나기 위해 용서가 필요합니다. 그래서 영적으로 깨어 있는 사람이 먼저 용서를 시작해야 합니다. 용서는 어둠에서 빛으로 나아가는 유일한 출구이기 때문입니다.

5. 용서는 나 자신도 죄인이고, 이기적이며, 용서가 필요한 사람이라는 것을 인정하는 데서부터 출발합니다. 즉 나 역시 다른 사람에게 알게 모르게 상처를 입혔다는 것을 인정할 때, 용서는 시작될 수 있습니다.

6. 용서는 하나님의 선물이며, 은혜입니다. 나도 거저 받았기에 나 역시 거저 주어야 하는 것입니다. 그래서 용서는 용서받은 사람의 자연스러운 응답입니다.

66 서로 친절하게 하며 불쌍히 여기며 서로 용서하기를 하나님이 그리스도 안에서 너희를 용서하심과 같이 하라 99 (에베소서 4:32).

7. 하나님은 우리가 다른 사람을 용서하지 않는다면 우리 자신도 하나님으로부터 용서받지 못한다는 무서운 경고를 하셨습니다.

> ❝ 너희가 사람의 잘못을 용서하면 너희 하늘 아버지께서도 너희 잘못을 용서하시려니와 너희가 사람의 잘못을 용서하지 아니하면 너희 아버지께서도 너희 잘못을 용서하지 아니하시리라 ❞ (마태복음 6:14-15).

8. 용서는 하나님께서 역사하실 수 있도록 나 자신을 내어 드리는 위탁입니다. 내가 용서할 수 없어도, 또한 불가능하게 느껴질 때에도 하나님을 의탁하는 믿음이 용서입니다. 그래서 "하나님, 그 사람을 용서할 수 있도록 도와주세요"라고 기도해야 합니다.

9. 용서는 그 사람을 위한 중보기도를 지속할 때 가능합니다. 그 사람의 영혼 구원을 위해 기도하는 것입니다. 예수님을 만나서 새 사람이 되도록 기도하는 것입니다. 그 사람이 죄에서 벗어나 새로운 삶을 살도록 기도할 때, 더욱 용서할 수 있습니다.

10. 용서는 감정이 아닙니다. 용서하기로 작정해도 여전히 미움, 분노, 원망, 쓴 뿌리 등의 감정이 남습니다. 그래도 괜찮습니다. 그럼에도 불구하고 용서가 이미 시작된 것입니다. 단지 그러한 감정들을 당사자에게 쏟거나 돌리지 않기로 작정하는 것입니다. 그러한 부정적 감정들을 주님께만 올려 드리십시오. 주님께 마음껏 심정을 토로하고 고백하십시오. 그러면서 주님께 더 친밀하게 나아가십시오. 그러

✦
어떤 용서

남편이 다른 여자를 사랑한다면서 나를 떠나버렸다. 배신감. 분노, 비참한 마음에 불면증까지 시달렸다. 그러나 나는 힘겹게 일어나 바이블스터디와 상담학교에 참여했다. 예수님을 알아가면서 영적으로 성장했고, 상담 공부를 하면서 나 자신과 타인을 이해하는 법을 배웠다. 몇 년 후 남편을 만났는데, 나는 원망과 분노 대신 당당함과 편안함으로 대화했다. 남편은 나의 변화에 놀라는 눈치였다. 지금도 남편이 예수님을 만나 자신의 모습을 깨닫고 스스로 회개하고 그 영혼이 구원받기를 위해 중보하고 있다. 물론 나는 계속 예수님 안에서 성장하고 발전하고 있다.

는 동안 당신은 주님의 또 다른 은혜를 더 깊이 체험하게
될 것입니다.

당신에게 상처를 준 아버지를 용서하십시오. 어머니를 용
서하십시오. 그 사람을 용서하십시오. 나를 버리고 떠난 사람
도 용서하십시오. 남편의 잘못도 용서하십시오. 나 자신도 용
서하십시오.

용서는 그 사람들도 결국은 죄인이고, 상처가 많은 사람이
며, 잘못된 문화의 지배를 받은 무지한 사람이고, 구원이 필
요한 사람이라는 것을 헤아리는 것입니다. 용서할 사람이 없
습니까? 그렇다면 마음속에 남아 있는 후회나 자책, 미움, 분
노를 훌훌 떠나보내십시오. 원망, 불평, 분노, 낮은 자존감을
되풀이하지 않기로 결단하십시오. 그리고 오늘부터 '새로운 나'
로 살기로 결단하십시오. 이제는 과거의 피해자가 아니라 현
재와 미래의 행복한 주인공으로 살기로 결단하십시오. 당당하
게, 능력을 가지고, 밝게 살아 가기 시작하는 것입니다. 나를
용서하신 예수님의 손을 붙잡고 행복을 만들어 가는 것이 진
정한 용서입니다.

🕐 **나눔**

1. 마음에 떠올리기조차 힘든 사람, 사건, 감정을 찾아 나누어
보십시오. 회피하거나 부인하지 마십시오. 그러나 아직 마음이
너무 힘들다면 나누지 않아도 됩니다.
2. 나눔 후 모두 손을 잡고 자신과 서로를 위해 "주님, 용서할 수
있도록 도와주옵소서"라고 기도하십시오. 이미 용서했다면 그
사람을 축복하는 기도를 하십시오.

3. 새로운 피조물

하나님은 당신이 과거에 묶여 사는 것을 원하시지 않습니다. 불행과 어둠에 갇혀 있는 것도 원하시지 않습니다. 주님은 당신이 어둠에서 빛으로, 불행에서 행복으로, 묶임에서 참된 자유로 나아오기를 원하십니다. 당신의 치유를 위해 예수님은 대신 징벌과 찔림과 상함을 당하셨습니다. 다음 이사야 53장의 말씀을 믿음으로 선언하십시오. 당신은 예수님의 십자가의 놀라운 사랑으로 치유받았습니다.

> 66 그(예수님)는 실로 우리의 질고를 지고 우리의 슬픔을 당하였거늘 우리는 생각하기를 그(예수님)는 징벌을 받아 하나님께 맞으며 고난을 당한다 하였노라 그(예수님)가 찔림은 우리의 허물 때문이요 그(예수님)가 상함은 우리의 죄악 때문이라 그(예수님)가 징계를 받으므로 우리는 평화를 누리고 그(예수님)가 채찍에 맞으므로 우리는 나음을 받았도다 99 (이사야 53:4-5).

진정한 자존감은 자아가 높아지는 것을 의미하지 않습니다. 자아 중심의 삶을 사는 것도 아닙니다. 진정한 회복은 옛 자아를 십자가에 못 박고, 이제 새 사람으로 사는 것을 의미합니다. 거듭난 생명, 새로운 자아, 새로운 나로 사는 것입니다. 우리는 질그릇에 불과하지만 우리 안에 있는 보배, 예수 그리스도로 말미암아 큰 능력으로 살 수 있는 것이 진정한 자존감의 시작입니다. 당신은 새로운 피조물이 되었습니다. 이전 것은 지

나갔습니다. 모든 과거를 뒤로하고, '새로운 나'로 힘차게 전
진할 수 있기를 축복합니다.

> 우리가 이 보배를 질그릇에 가졌으니 이는 심히 큰 능력은
> 하나님께 있고 우리에게 있지 아니함을 알게 하려 함이라
> (고린도후서 4:7).

> 그런즉 누구든지 그리스도 안에 있으면 새로운 피조물이라 이
> 전 것은 지나갔으니 보라 새 것이 되었도다 (고린도후서 5:17).

🍎 기도문

주 예수님, 나를 사랑하셔서

나를 위해 십자가에서 피 흘리셨음에 감격합니다.

십자가 위에서

나의 상처, 과거, 불행, 죄가 모두 소멸되었음을 믿습니다.

이제 새롭게 살겠습니다.

주님의 능력으로 당당하게 살겠습니다.

미움과 원망 대신 사랑과 감사로 살겠습니다.

또 넘어지지 않도록 붙잡아 주십시오.

새로운 피조물로서 많은 사람을 사랑하며 살겠습니다.

예수님의 귀하신 이름으로 기도합니다. 아멘.

분노, 원망, 낮은 자존감이
나를 사로잡도록 허락하지
말라

우리는 마치 빈 그릇과 같
다. 영혼 안에 무엇이 담겨
있는가에 따라 얼굴빛도 달
라진다. 분노, 원망, 낮은 자
존감을 담으면 나의 얼굴에
는 어둠과 우울함이 나타날
수밖에 없다. 그러나 기쁨,
사랑, 감사를 담는다면 나의
얼굴은 빛과 소망으로 변하
게 될 것이다. 그러기 위해
오늘도 예수 충만, 성령 충
만, 은혜 충만을 힘쓰자.

이번 주간의 과제

◆ 이번 주간에는 앞에서 이미 나눈, 용서하길 원하는 사람을 실제로 용서하는 과정을 실천해 보겠습니다. 기억 속에서 떠올리기도 힘든 사람, 미운 사람, 또는 아프고 힘들었던 과거의 상처를 예수님의 십자가 위에 올려 드리는 것입니다. 하나씩 적으면서 기도하며 하나님께 올려 드리십시오. 그 사람도 죄인이었기 때문에, 상처가 많은 사람이었기에, 무지했기에 그럴 수밖에 없었다고 이해하며 용서를 실천해 보십시오. 그리고 그 사람을 위해 "하나님, ○○를 용서하기 원합니다. 하나님, 저를 도와주세요. 이제 그를 축복하기 원합니다. 그의 영혼을 구원하여 주옵소서"라고 기도하십시오. 다음 도표의 예를 이용해 보십시오.

나이 또는 언제?	힘들었던 사건, 쓴 뿌리, 외상 등	용서의 기도를 시작
예) 어린 시절부터 고등학교 때까지	엄마는 나에게 저주스런 욕들을 퍼부었다. 나에게 재수 없는 아이라고 하고 다른 사람들 앞에서 자주 망신을 주었다.	"하나님, 엄마를 용서하기 원합니다. 엄마를 축복합니다. 하나님, 저를 도와주세요."

3과

종속의존

남편 의존에서 벗어나 당당한 나로 거듭나라

Grace-full Wives

종속의존(co-dependency)이란 동반의존, 공동의존이라고 번역되기도 하는데, 관계 중독, 사람 중독, 사랑 중독과 같은 의미를 내포합니다. 결혼관계에서는 배우자 중독입니다. 즉 배우자가 없으면 자기 삶도, 자기 정체성(self-identity)도 없는 상태와 같습니다. 이런 사람은 배우자가 자기 인생의 전부이기에 배우자에게 종속되고 지배받습니다. 배우자에게서 사랑과 인정과 행복을 찾기 위해 끊임없이 애쓰고 노력하지만 결국 실패하고 맙니다.

그러한 사람은 자아 존중감(self-esteem)이 낮기 때문에 자기도 자기 스스로를 존중하지 못합니다. 그 결과 배우자에게서 쉽게 무시와 학대를 당하게 됩니다. 그러면서도 학대하는 배우자에게 자신도 모르게 의존하게 됩니다. 배우자와의 관계 속에서 모든 의미와 만족과 행복을 찾기 때문에, 배우자에게 휘둘리면서도 집착하고 몰입하게 됩니다. 결과적으로 내면의 깊은 공허감과 자기 경멸과 불만족에 빠지게 되어, 스스로 역기능적인 사람이 되고 맙니다.

1. 종속의존 검사

다음 종속의존 문항으로 자신을 진단해 보십시오. 다른 사람에게 보여 주기 위한 것이 아니므로 진솔하게 자신의 내면을 살피면서 점검해 보십시오.

① 전혀 그렇지 않다　　② 중간이다　　③ 정말 그렇다

(　) **1** 나는 남편의 감정과 행동에 대해 책임지려 한다.

(　) **2** 나는 남편의 행동과 감정에 대해 죄책감을 느끼며 당황스러워한다.

(　) **3** 나는 내가 진정으로 무엇을 생각하고 느끼는지 분별하기 어렵다.

(　) **4** 나는 나의 감정을 인식하고 표현하는 데 익숙하지 않다.

(　) **5** 나는 내 안의 화, 분노, 우울을 억누른다. 그러나 때론 분노나 우울 때문에 어쩔 줄 몰라 폭발 직전이다.

(　) **6** 나는 남편이 나에게 어떻게 할지 몰라서 눈치를 보게 된다.

(　) **7** 나는 내가 결정하는 것이 주저되고 두렵다.

(　) **8** 나는 남편이 나에게 상처를 줄까 봐, 또는 나를 거절할까 봐 두렵다.

(　) **9** 나는 내가 진정으로 느끼는 것을 부인하든지 축소하든지 바꾸든지 변명한다.

(　) **10** 나는 남편의 느낌에 대해 매우 민감하고, 그 느낌을 함께 느낀다.

(　) **11** 그래서 나는 남편이 우울하면 함께 우울하다.

(　) **12** 나는 남편과 다른 의견이나 다른 감정을 표현하기를 두려워한다.

(　) **13** 나는 나보다는 남편의 의견과 감정을 더 중요시한다.

(　) **14** 나는 남편이 원하는 욕구를 위해 내 욕구를 희생한다.

(　) **15** 나는 존중받고 칭찬받고 대접받는 것이 불편하고 당황스럽다.

(   ) **16** 나는 늘 나의 생각과 말과 행동이 부족하다고 여긴다.

(   ) **17** 나는 늘 감사와 만족을 못 느끼는 완벽주의자다.

(   ) **18** 나는 매우 충성스럽고 희생적이어서 때로 해로운 관계(학대받는 관계)임에도 불구하고 벗어나지 못한다.

(   ) **19** 나는 남편에게 내가 원하는 것을 당당하게 요청하지 못한다.

(   ) **20** 나는 내 자신이 가치 있고 사랑받을 만한 존재라고 진정으로 믿지 않는다.

(   ) **21** 나는 남편의 거절이나 분노를 피하기 위해 내가 옳다고 생각하는 것을 타협하려 한다.

(   ) **22** 나는 남편이 화를 낼 때, 남편의 화에 휩싸여서 견디기 어렵다.

(   ) **23** 타인 앞에서 남편이 말하기 전에 내가 앞질러서 대신 말하곤 한다.

(   ) **24** 나의 머릿속은 남편에 대한 생각과 불만족과 염려로 가득 차 있다.

(   ) **25** 나는 남편만 바뀐다면 인생이 행복할 것 같다.

🕐 **나눔**   위의 항목들 중에서 ③번으로 체크한 것에 대해 나누어 보십시오.

그 원인과 결과에 대해서도 함께 나누어 보십시오.

2. 우리의 어머니들

예전에 우리의 어머니들은 오로지 남편만 바라보고 살았습니다. "남편을 잘 만나야 행복할 수 있다", "여자 팔자 뒤웅박 팔자"라는 말을 자주 듣고 자랐습니다. 남편이 잘해 주면 행복했고, 못 해주면 불행했습니다. 모든 행복의 근원이 남편에게 달려 있었습니다. 그럴 수밖에 없었던 것이 모든 신분과 능력과 경제 등이 남편을 통해서만 공급되었기 때문입니다. 그러니 때로는 무시당하고 학대당해도 자신을 보호할 아무런 능력도 대책도 없었습니다. 그야말로 아내가 남편에게 종속의존될 수밖에 없는 환경이었습니다. 그 결과 아내가 자신의 능력과 사랑으로 남편과 가정을 건강하게 그리고 행복하게 세워 나갈 수 없었습니다.

지금도 중동을 비롯한 여러 나라에서는 남편이 아내를 경멸하고 폭행하고 학대합니다. 여자로 태어났다는 이유 하나로 아내로서 누려야 할 권리도 빼앗긴 채 불행한 삶을 살고 있습니다. 남편이 없으면 생계를 위한 방도가 전혀 없기 때문에 남편의 학대에도 어쩔 수 없이 종속된 삶을 사는 것입니다. 참으로 슬프고 안타까운 일입니다.

우리나라의 경우 생명을 건 선교사들의 복음 전파로 인해 여성들이 살아날 수 있었습니다. 예수 그리스도의 복음으로 여성에게도 교육의 기회가 주어졌고, 여성도 예배할 수 있게 되었고, 점차 여성의 권리가 존중받게 되었습니다. 선교사들에게 감사드리고, 하나님께 감사와 영광을 올려 드려야 마땅할 것입니다. 그러나 이러한 회복을 우리만 누려서는 안 될 것입니다. 우리는 복음에 빚진 자로서 아직도 여자라는 이유로 불행하게 사는 이웃의 여성들을 향해 나아가야 합니다. 그들을 위해 눈물로 중보기도하고 그들이 하나님 안에서 존귀한 존재라는 정체성을 회복할 수 있도록 도와야 합니다.

갈라디아서 3장 28절의 말씀을 묵상해 보십시오.

> " 너희는 유대인이나 헬라인이나 종이나 자유인이나 남자나 여자나 다 그리스도 예수 안에서 하나이니라. "

당시의 시대 상황을 고려한다면 종이나 자유인이나, 남자나 여자나 그리스도 예수 안에서 모두 하나라는 선언은 가히 혁명적입니다. 이렇듯 예수 그리스도의 복음의 빛이 비친 곳마다 여인들이 하나님의 자녀로서 당당히 회복되었습니다.

그렇다면 예수님을 믿고 구원받은 당신의 가정은 어떻습니까? 당신의 부부관계는 어떻습니까? 아직도 남편을 향한 종속의존이 남아 있습니까? 물론 남편이 여전히 과거의 관습에 묶여서 아내를 소중히 여길 줄 모를 수도 있습니다. 그러나 아내로서 내가 먼저 변화하십시오. 오직 예수님 때문에 행복을 먼저 찾으십시오. 남편이 나에게 잘하든 못하든 상관없이, 주님이 주시는 참된 능력으로 남편을 오히려 적극 도와주고 살리는 복음의 아내가 되십시오.

3. 우물가의 여인을 찾아오신 예수님

<요한복음 4장 3-30절 말씀>

3 유대를 떠나사 다시 갈릴리로 가실새

4 사마리아를 통과하여야 하겠는지라

5 사마리아에 있는 수가라 하는 동네에 이르시니 야곱이 그 아들 요셉에게 준 땅이 가깝고

6 거기 또 야곱의 우물이 있더라 예수께서 길 가시다가 피곤하여 우물 곁에 그대로 앉으시
   니 때가 여섯 시쯤 되었더라

7 사마리아 여자 한 사람이 물을 길으러 왔으매 예수께서 물을 좀 달라 하시니

8 이는 제자들이 먹을 것을 사러 그 동네에 들어갔음이러라

9 사마리아 여자가 이르되 당신은 유대인으로서 어찌하여 사마리아 여자인 나에게 물을
   달라 하나이까 하니 이는 유대인이 사마리아인과 상종하지 아니함이러라

10 예수께서 대답하여 이르시되 네가 만일 하나님의 선물과 또 네게 물 좀 달라 하는 이가
   누구인 줄 알았더라면 네가 그에게 구하였을 것이요 그가 생수를 네게 주었으리라

11 여자가 이르되 주여 물 길을 그릇도 없고 이 우물은 깊은데 어디서 당신이 그 생수를
   얻겠사옵나이까

12 우리 조상 야곱이 이 우물을 우리에게 주셨고 또 여기서 자기와 자기 아들들과 짐승이
   다 마셨는데 당신이 야곱보다 더 크니이까

13 예수께서 대답하여 이르시되 이 물을 마시는 자마다 다시 목마르려니와

14 내가 주는 물을 마시는 자는 영원히 목마르지 아니하리니 내가 주는 물은 그 속에서
   영생하도록 솟아나는 샘물이 되리라

15 여자가 이르되 주여 그런 물을 내게 주사 목마르지도 않고 또 여기 물 길으러 오지도 않게 하옵소서

16 이르시되 가서 네 남편을 불러 오라

17 여자가 대답하여 이르되 나는 남편이 없나이다 예수께서 이르시되 네가 남편이 없다 하는 말이 옳도다

18 너에게 남편 다섯이 있었고 지금 있는 자도 네 남편이 아니니 네 말이 참되도다

19 여자가 이르되 주여 내가 보니 선지자로소이다

20 우리 조상들은 이 산에서 예배하였는데 당신들의 말은 예배할 곳이 예루살렘에 있다 하더이다

21 예수께서 이르시되 여자여 내 말을 믿으라 이 산에서도 말고 예루살렘에서도 말고 너희가 아버지께 예배할 때가 이르리라

22 너희는 알지 못하는 것을 예배하고 우리는 아는 것을 예배하노니 이는 구원이 유대인에게서 남이라

23 아버지께 참되게 예배하는 자들은 영과 진리로 예배할 때가 오나니 곧 이때라 아버지께서는 자기에게 이렇게 예배하는 자들을 찾으시느니라

24 하나님은 영이시니 예배하는 자가 영과 진리로 예배할지니라

25 여자가 이르되 메시야 곧 그리스도라 하는 이가 오실 줄을 내가 아노니 그가 오시면 모든 것을 우리에게 알려 주시리이다

26 예수께서 이르시되 네게 말하는 내가 그라 하시니라

27 이때에 제자들이 돌아와서 예수께서 여자와 말씀하시는 것을 이상히 여겼으나 무엇을 구하시나이까 어찌하여 그와 말씀하시나이까 묻는 자가 없더라

28 여자가 물동이를 버려 두고 동네로 들어가서 사람들에게 이르되

29 내가 행한 모든 일을 내게 말한 사람을 와서 보라 이는 그리스도가 아니냐 하니

30 그들이 동네에서 나와 예수께로 오더라

1. 사마리아 여인

예수님은 사마리아 지방의 우물가에서 한 여인을 만나셨습니다. 당시 관습을 보면 유대인 남자가 길거리에서 여인과 대화하는 것은 용납하기 어렵고 꺼리는 일이었습니다. 그러나 놀랍게도 예수님은 그러한 관습을 어기고 보잘것없는 한 여자와 대화를 시작하십니다. 그것도 당시 유대인들이 상대하거나 만나기조차 싫어하던 사마리아 지방의 여인이었습니다.

> 66 길 가시다가 피곤하여 우물 곁에 그대로 앉으시니 때가 여섯 시쯤 되었더라 99 (6절).

예수님은 오랜 여정에 피곤하셨는데도 일부러 대화를 시도하셨습니다. 대화의 내용도 예사롭지 않았습니다. 사회적 금기를 깨고 영혼의 목마름에 대해, 생수에 대해, 예배드리는 장소에 대해 이야기를 나누셨습니다. 예수님은 시종 따스한 관심과 존중과 진지함으로 여인을 대하셨습니다. 이것은 이 여인이 아마도 지금까지 한 번도 경험해 보지 못한 놀라운 사건이었을 것입니다. 예수님은 어떻게 오랫동안 고수되었던 관습을 초월하실 수 있었을까요? 예수님이 바로 여성을 하나님의 형상으로 지으신 창조주 하나님이시기 때문입니다.

★
예수님 시대의 남과 여

예수님 당시 사회는 심한 남녀차별이 있었다. 여자들은 공회 예배 참석도 불가능했고, 남자는 자기 아내라 할지라도 공적인 자리에서 말하는 것이 금지되었다. 그러나 예수님은 남자와 여자를 같은 인격으로 대하셨다. 예수님은 자신을 따르던 많은 여자들을 제자처럼 대하셨고, 자기 앞에 앉아 말씀을 사모하던 마리아를 칭찬하셨다. 또한 부활하신 예수님은 가장 먼저 막달라 마리아를 만나셔서 그녀를 부활의 증인으로 택하셨다.

2. 목말랐던 여인

예수님은 여인에게 "물을 좀 달라"(7절)는 말로 대화를 시작하셨습니다. 한없이 지친 모습으로 대낮에 물 길러 온 여인에게서 영적 갈급함과 목마름과 공허함을 보셨던 것입니다. 이어서 예수님은 여인에게 "이 물을 마시는 자마다 다시 목마르려니와 내가 주는 물을 마시는 자는 영원히 목마르지 아니하리니 내가 주는 물은 그 속에서 영생하도록 솟아나는 샘물이 되리라"(13-14절)면서 영원히 목마르지 않는 생수를 주겠다고 하십니다. 그렇습니다. 우리 여성에게도 모두 실존적인 영적 목마름이 있습니다. 그것은 남편에게서 받고 싶던 보호와 사랑으로는 결코 해소될 수 없는 것입니다. 오직 나를 찾아주시는 예수님 안에서만 영혼의 깊은 갈증이 영원히 해소될 수 있습니다.

🕐 **나눔** 당신도 이 여인처럼 영적 목마름을 다른 방법으로 해결하려던 적이 있습니까? 그렇게 방황하며 애썼지만 해소되지 않던 갈증에 대해 나누어 보고, 이제 예수님 안에서 영혼의 갈증이 해소된 간증을 나누어 보십시오.

하나님을 만나면 인생이 달라진다.

엄마가 더러워진 아기의 얼굴을 닦아 주듯이 주님은 당신의 상처를 곱게 닦아 주신다. 엄마가 아기의 목마름과 배고픔을 알듯이 주님은 당신의 목마름을 다 아신다. 당신이 얼마나 도움이 필요한 존재인지를 다 아신다. 예수님 앞에서 사랑받으려고 노력할 필요도 없다. 그냥 어린아이처럼 예수님 품에 안기라. 어린아이가 엄마 품에 안기어 있듯이 오직 예수 그리스도 안에서 평안과 쉼을 누리라. 그리하면 당신의 오랜 목마름은 오직 은혜로 풍성히 채워질 것이다.

3. 다섯 남편이 있던 여인

16절에서 예수님은 "가서 네 남편을 불러 오라"는 요청으로 여인에게 도전하셨습니다. 여인이 "나는 남편이 없나이다"라고 대답했듯이 예수님은 이미 이 여인의 인생을 잘 알고 있었습니다. 그녀는 다섯 명의 남편을 거친 후 지금은 어떤 남자와 동거하고 있었습니다. 그런 까닭에 여인은 부도덕한 여인이라는 오명을 얻게 되었습니다. 그러나 당시의 상황을 보면 여자가 남편을 버리거나 떠나기는 도무지 힘든 일입니다. 오히려 남편이 아내를 버리고 떠나기 쉬운 시대입니다. 이유가 어찌됐든지 간에 여인은 다섯 번이나 남편에게 버림받았음에 틀림없습니다. 그러나 남편이 없으면 먹고살 방도가 없으니 다시 어떤 남자에게 의존할 수밖에 없었습니다. 얼마나 기구한 인생입니까? 얼마나 억울하고 힘들었겠습니까? 얼마나 불행했을까요?

어디를 둘러보아도 도움이나 소망이라고는 찾을 길이 없던 여인이었습니다. 여인은 그야말로 불행한 인생의 무게로 인해 매우 지치고 목이 마른 상태였습니다. 그런 여인에게 어느 날 영원한 신랑이신 예수님이 놀랍게 찾아오셔서 만나 주신 것입니다. 사랑으로, 존중으로, 인격적으로 찾아오신 것입니다.

4. 참된 예배를 회복한 여인

이번에는 20절에서 여인이 먼저 '예배'라는 말을 사용했습니다.

> 우리 조상들은 이 산에서 예배하였는데 당신들의 말은 예배할 곳이 예루살렘에 있다 하더이다.

예수님과 인격적인 대화를 하다 보니, 오랫동안 잊혔던 단어가 떠오른 것 같습니다. 예배드린 적이 언제였더라…. 예배를 잃어버린 인생이었습니다. 그러나 막상 예배드린다고 해도 어디서 드려야 하는지, 어떻게 드려야 하는지, 그것이 또한 문제였습니다.

당시에 사마리아인들은 그리심 산에서, 유대인들은 예루살렘에서 예배를 드려야 한다고 서로 주장했습니다. 이때 예수님은 놀라운 답변을 주십니다.

> 아버지께 참되게 예배하는 자들은 영과 진리로 예배할 때가 오나니 곧 이때라 아버지께서는 자기에게 이렇게 예배하는 자들을 찾으시느니라 하나님은 영이시니 예배하는 자가 영과 진리로 예배할지니라 (23-24절).

참 예배는 장소의 문제가 아니라, 지금 있는 그곳에서 영과 진리로 예배하는 것이라고 하신 것입니다. 그리고 자신이 참 예배의 회복을 위해 이 땅에 오신 메시아라고 처음으로 여인에게 밝히십니다.

참된 예배란?

참된 예배는 영과 진리로 드려야 한다. 예배는 어떤 형식에 매이는 것이 아니다. 예배는 하나님의 은혜에 대한 우리의 화답이며, 그 큰 사랑 앞에서 우리의 심령을 활짝 열고 주님과 교제하는 영적 연합이다. 또한 참된 예배에는 반드시 순종과 변화가 뒤따라야 한다. 주님은 순종과 변화가 없는 예배는 받지 않으신다고 분명히 경고하셨다(사무엘상 15:22-23, 로마서 12:1-2).

5. 자아를 되찾은 여인

예수님은 먼 길을 돌아 이 여인을 찾아오셨습니다. 그래서 여인은 예수님을 만날 수 있었습니다. 예수님을 만나자 내면에서 솟아나는 생수를 선물로 받음으로 영적 목마름이 해결되었습니다. 구원자 메시아를 만난 것입니다. 참 예배의 삶이 시작되었습니다. 오랫동안 잃어버렸던 자아를 되찾게 되었습니다. 억눌려 있었던 적극적인 성품을 되찾았습니다. 그녀는 이제 동네 사람들을 찾아 나섰습니다.

> ❝ 동네로 들어가서 사람들에게 이르되 내가 행한 모든 일을 내게 말한 사람을 와서 보라 이는 그리스도가 아니냐 하니 그들이 동네에서 나와 예수께로 오더라 ❞ (28-30절).

여인의 용감한 증언 때문에 사람들이 예수님께 나아왔습니다. 여인은 어쩌면 난생처음 인격적으로 존중해 주신 예수님을 만남으로 자신의 정체성을 찾을 수 있었습니다. 신령과 진리로 드리는 예배의 회복을 통해 여인은 자기 자신을 찾을 수 있었습니다. 자신의 재능과 은사도 실현할 수 있었습니다. 예수님을 증거하는 삶을 살게 된 것입니다. 이제는 운명과 불행의 피해자가 아니라, 사람들을 생수로 살리는 증거자의 삶을 살게 되었습니다.

★
예수님을 만나 진정한 자아를 찾은 잔느 귀용

1648년에 태어난 잔느 귀용은 22살 연상인 병약한 남편과 결혼했고, 28세에 과부가 되었다. 불행할 수밖에 없었지만, 주님을 뜨겁게 사랑함으로 여성의 신분으로서 주께 크게 쓰임받았다. 고난과 박해에도 불구하고 많은 영혼들, 심지어는 많은 남성 사제들에게도 예수님의 진리와 생수를 전달하였다. 주님 안에서 자아를 찾고 사명을 다 한 후에 그녀는 70세에 천국으로 귀환했다.(참조: 《잔느 귀용》, 두란노)

⏱ 나눔

1. 사마리아 여인처럼 내 삶의 목마름을 경험한 적이 있습니까?

2. 예수님을 만남으로 예배가 회복되어 자아와 자신감을 되찾게 된 간증이 있습니까? 함께 나누어 봅시다.

4. 오직 하나님께 소망을 두라

종속의존에서 해방될 수 있는 영적 비결은 무엇입니까? 남편에게서 영적으로 정신적으로 정서적으로 독립하여, 오히려 남편을 세워 주는 역할을 감당하려면 어떻게 해야겠습니까? 베드로전서 3장 5절에 그 비결이 있습니다.

> 66 전에 하나님께 소망을 두었던 거룩한 부녀들도 이와 같이 자기 남편에게 순종함으로 자기를 단장하였나니. 99

바로 남편에게 소망을 두는 것이 아니라 '하나님께 소망을 두는 것'입니다. 남편이 나의 도움이 아니라, 하나님이 나의 도움이십니다. 남편이 변하기만을 소원하지 마십시오. 남편의 행동에 의해 휘둘리지도 마십시오. 남편에게 지배당하거나 무시당하지도 마십시오. 오히려 하나님의 능력을 공급받으십시오. 그분이 주시는 영적 지혜를 날마다 공급받으십시오. 나 스스로 변화하고 발전하고 성장해야 합니다. 능력 있는 여성이 되십시오. 그 능력으로 남편에게 선한 영향력을 끼치십시오. 나를 여전히 사랑하시는 하나님께만 초점을 맞추십시오. 오늘도 나를 지으신 창조주 하나님을 기뻐합시다. 그분만이 우리의 소망이요 반석이요 피난처이십니다. 할렐루야!

" 나의 영혼아 잠잠히 하나님만 바라라 무릇 나의 소망이 그로부터 나오는도다 오직 그만이 나의 반석이시요 나의 구원이시요 나의 요새이시니 내가 흔들리지 아니하리로다 나의 구원과 영광이 하나님께 있음이여 내 힘의 반석과 피난처도 하나님께 있도다 " (시편 62:5-7).

🍎 기도문

주 예수님, 세계 곳곳에서
억압받고 있는 여성들을 구원하여 주옵소서.
저들이 창조주 하나님을 알게 하시고,
그 사랑과 생명 속에서 자신의 소중함을 깨닫게 하소서.
여성을 억압하는 잘못된 제도와 문화가
예수님의 복음으로 고쳐지게 하옵소서.
주님이시여, 저희 가정이 여성을 존중하는
건강한 가정이 되도록 도와주소서.
그러기 위해 내가 먼저 주님이 주시는 능력으로
남편을 더 사랑하고 격려하는 아내가 되게 하옵소서.
예수님의 이름으로 기도합니다. 아멘.

◆ 앞에서 점검해 본 종속의존 검사의 내용 중에서 몇 가지 항목만이라도 역으로 실천해 보십시오. 작은 변화부터 시작해 보십시오. 성공한 것에 대해서는 자신을 칭찬하고 감사해 보세요. 잘 안 되는 것은 또다시 시작해 보십시오. 물론 기도와 함께 실천해야 할 것입니다.

다음의 내용을 참조하여 한 가지를 선택하십시오. 그리고 한 주 동안 그것을 실천하고 다음 만남에서 나누기로 합니다.

○ 나는 남편이 나를 어떻게 대하든 눈치 보지 않겠다.

○ 나는 남편이 짜증을 내거나 화를 내도 내적 평안을 유지하겠다.

○ 나는 남편에게 내가 원하는 것을 정중하게 그러나 두려움 없이 표현하겠다.

○ 그리고 남편이 해 주지 않아도 과민반응을 보이지 않겠다.

○ 나는 남편의 의견과 감정도 중요시하겠지만, 나의 의견과 감정도 중요시하겠다.

○ 나는 존중받고 칭찬받고 대접받는 것에 대해 감사하게 잘 받겠다.

○ 나는 일상에서 감사와 만족을 찾아서 표현하겠다.

○ 나는 내 자신이 가치 있고 사랑받을 만한 존재라고 믿으며 선언하겠다.

○ 나는 타인 앞에서 남편이 당황스러운 말을 하더라도 옆에서 차분하게 있겠다.

○ 나는 남편에 대한 불만족과 염려를 주님께 맡기고 부정적인 생각을 하지 않겠다.

○ 나는 남편이 바뀌지 않아도 행복한 하루하루를 영위하겠다.

○ 나는 남편을 축복하고 중보기도하며 주님이 일하실 때까지 먼저 새로운 삶을 살겠다.

4과

돕는 배필

연약한 남편을 돕는
능력 있는 아내가 되라

Grace-full Wives

❝ 하나님이 자기 형상 곧 하나님의 형상대로 사람을 창조하시되 남자와 여자를 창조하시고 하나님이 그들에게 복을 주시며 하나님이 그들에게 이르시되 생육하고 번성하여 땅에 충만하라, 땅을 정복하라, 바다의 물고기와 하늘의 새와 땅에 움직이는 모든 생물을 다스리라 하시니라 ❞(창세기 1:27-28).

결혼은 하나님이 제정하신 신성한 제도입니다. 인간을 창조하실 때부터 남자와 여자로 지으시고 함께 가정을 이루어 살도록 섭리하셨습니다. 따라서 결혼과 가정 속에는 하나님의 마음이 들어 있습니다. 하나님이 약속하신 복이 들어 있습니다. 그럴수록 사탄은 여러 가지 모양으로 치열하게 가정을 공격합니다. 가정은 보호되어야 합니다. 시대가 아무리 바뀌어도 가정은 지켜지고 구원되어야 합니다. 가정이 깨어지면 인간성이 피폐해집니다. 가정이 공격당하는 것은 하나님 나라가 공격당하는 것입니다.

결혼은 신성하게 다뤄져야 합니다. 그런데 요즘 결혼을 인생의 우선순위에서 하위에 놓는 젊은이들이 많습니다. 비전과 경력을 앞세우며 결혼을 소홀히 하는 사람들이 있습니다. 그러나 결혼도 사명이고 비전이고 목표가 되어야 합니다. 부모는 자녀에게 결혼과 가정의 소중함을 가르쳐야 합니다. 그러기 위해선 먼저 행복한 결혼의 모델이 되어야 합니다. 어머니이며 아내인 여성이 먼저 깨어 실천해야 합니다. 가정을 지키고 아내를 향한 하나님의 섭리를 찾아 이루어 가야 합니다.

1. 결혼의 섭리

하나님이 만드신 모든 것은 선하시고 완전하십니다. 결혼 제도 역시 선하시고 완전한 뜻이 내재되어 있습니다. 인간을 창조하시고 인간의 필요를 아시기에 결혼 제도를 선물로 만들어 주신 것입니다. 결혼의 목적이 무엇일까요? 결혼을 만드신 하나님의 섭리는 무엇일까요?

인간은 창조주 하나님의 섭리에 순종하며 살 때, 가장 지고한 삶을 살 수 있습니다. 반대로 창조주의 섭리에 어긋난 불순종의 삶을 살 때, 스스로 멸망과 불행을 자초하게 되는 것입니다. 마치 물고기는 물속에서 살아야 마음껏 자유로울 수 있는데, 물고기가 자유를 선포하고 물 바깥으로 뛰쳐나가 버리면 어떻게 되겠습니까? 곧 죽음으로 갈 수밖에 없는 것과도 같습니다. 따라서 우리는 하나님의 뜻과 목적을 알아야 합니다. 창조주가 만드신 결혼과 가정 속에 내재하여 있는 하나님의 마음을 알고 그에 순종하며 살아야 합니다.

결혼은 팀과 공동체로서 하나 됨을 이루는 것입니다. 또한 결혼 속에는 우리를 향하신 실습과 훈련의 계획이 내포되어 있습니다. 또한 결혼을 통해 경건한 자손을 이어가는 것이 결혼의 목적입니다. 결혼 속에 숨어 있는 하나 됨, 사랑과 용서의 훈련, 경건한 자손을 위한 섭리를 헤아려 보기로 하겠습니다.

1. 하나 됨

하나님은 삼위일체의 하나님이십니다. 세 분의 인격이면서 동시에 완전한 일체를 이루신 하나님이십니다. 삼위일체이신 하나님은 그러한 신비스런 성품을 가정 제도 속에 내포시키셨습니다. 남편과 아내가 각기 다른 인격이면서, 동시에 한 몸을 이루는 하나 됨을 원하신 것입니다. 그래서 부부는 하나의 팀을 이루어야 합니다. 성령님의 역사는 하나 됨입니다. 반대로 사탄의 역사는 분열과 분리입니다. 서로 하나가 되지 못하면 가정의 목적을 이룰 수 없습니다. 남편과 아내는 한 마음과 한 뜻을 유지해야 합니다. 부부가 하나 되지 못하면 가정은 제대로 기능을 발휘할 수 없습니다. 남편과 아내가 하나 되는 일(one body, one community, one team)은 참으로 중요하면서도 참으로 어려운 일입니다.

하나 되는 일은 개인의 개성이 말살되는 것을 의미하지 않습니다. 한 사람이 다른 한 사람을 억압하거나 통제함으로써 하나 되는 일이 아닙니다. 두 사람이 획일화되는 하나도 아닙니다. 남편과 아내가 하나 되는 일은 심포니가 각기 다른 악기로 다른 소리를 내면서도 아름다운 하나의 교향곡을 만들어 내는 것과 같습니다. 각각 다른 기능을 하는 지체가 몸으로 하나 되는 것과 같습니다. 남편과 아내는 각각 다른 역할과 기능을 감당하면서도 하나 됨의 가정을 만들어 가는 사람들입니다. 그러면 부부의 하나 됨을 이루기 위해 꼭 필요하고도 중요한 두 개의 요소를 살펴보기로 하겠습니다.

**남편의 역할 vs.
아내의 역할**

에베소서 5장 25절 이하를 보면 남편의 역할은 머리됨, 즉 리더십의 위치이다. 성경적 리더십은 군림하거나 지배하는 것이 아니라, 보호하고 인도하고 섬기는 리더십(servant leadership)을 의미한다. 즉 희생적 사랑으로 아내를 보호하고 책임지는 역할이며, 마치 예수님이 교회를 위해 자신을 주심같이 사랑해야 한다.
아내는 남편이 리더십을 잘 감당할 수 있도록 돕고 보완하고 순종해야 하는데, 교회가 그리스도께 하듯이 복종하는 성숙한 태도를 가져야 한다.

이타심

부부가 하나 되기 위해서는 이타심이 필수적입니다. 성공적인 결혼생활의 가장 중요한 열쇠가 이타심이기 때문입니다. 서로 배려하는 이타심, 나의 필요보다 배우자의 필요를 먼저 생각하는 이타심, 나를 양보하는 이타심을 가질 수만 있다면, 결혼생활은 놀라운 하나 됨을 이룰 수 있습니다. 그런 의미에서 이타심은 부부를 매끄럽게 하나 되게 만드는 윤활유와 같습니다. 이타심은 사랑의 성품이기도 합니다. 자기의 유익을 구하지 않는 것이 사랑(고린도전서 13:5)이라고 했기 때문입니다.

　나 자신을 먼저 살펴보십시오. 나는 이타적입니까 아니면 이기적입니까? 사실 우리는 죄로 말미암아 모두 이기적 유전자를 갖고 태어난 셈입니다. 그러나 예수님의 완전한 이타적 사랑으로 우리는 죄에서 구원을 받았습니다. 그리고 성령님을 선물로 받았기에, 이제 나도 이타적 유전자를 가진 사람이 될 수 있습니다. 그러면 누가 먼저 이타심을 보일 수 있을까요? 먼저 예수 믿고 성령 받은 당신이 먼저 이타적 사랑을 갖게 해 달라고 기도하십시오. 이타심의 훈련으로 하나됨을 이루는 행복한 부부가 되기를 바랍니다.

★
이타심 훈련

훗날에 자녀가 행복한 결혼과 인간관계를 영위하기를 원한다면, 어릴 때부터 이타심을 훈련해야 한다. 옆 사람에게 양보하는 법, 자신을 희생하는 법, 남을 돕는 법, 남을 먼저 배려하는 법을 가르치고 훈련해야 한다. 그것이 결혼생활뿐 아니라 사회생활에서도 성공할 수 있는 비결이기 때문이다.

같은 목표와 가치관

효과적인 하나 됨을 위해서는 같은 목표를 지향해야 합니다. 목표와 가치관이 서로 다르면 분열될 수밖에 없습니다. 흔히 "결혼은 서로 마주보는 것이 아니라, 둘이 한 방향을 바라보며 걸어가는 것"이라고 합니다. 그런데 둘이 한 방향을 바라보려면 인생을 바라보는 관점이나 가치관이 비슷해야 합니다. 인생의 모든 영역에서 같은 가치관을 가진다면 부부 간의 갈등이 최소화될 것입니다.

그러나 부부는 서로 다른 배경에서 성장했고, 서로 다른 교육을 받았기에 모든 생각과 가치관이 동일하기는 어렵습니다. 그래서 같은 가치관을 갖기 위한 전략적 노력이 필요합니다. 함께 성경공부반에 참여하는 것도 좋은 방법입니다. 같은 책을 읽고, 같은 배움을 가지는 것도 같은 가치관을 가질 수 있는 방법입니다. 그중에서도 최고의 방법은 같은 진리를 바라보며 걸어가는 것입니다.

즉 같은 신앙과 진리로 사는 것입니다. 우리에게 영원한 진리가 있다는 것이 얼마나 큰 축복인지 모르겠습니다. 혹 아직 남편이 예수님의 진리를 모른다면 남편이 변화될 때까지 인내하며 기도하십시오. 그러나 무엇보다 내가 먼저 참된 진리로 변화된 삶을 보이는 것이 비결입니다. 아내의 변화된 행실로 남편이 구원받을 수 있기 때문입니다.

2. 사랑과 용서의 훈련장

하나님은 가정 안에서 우리를 훈련하기 원하시는 것 같습니다. 사랑과 용서와 인내 등을 실습하도록 가정이라는 장소를 주신 듯합니다. 사실 나의 성품을 가장 잘 연단할 수 있는 곳이 가정입니다. 바깥에서라면 나를 포장할 수도 있을 것입니다. 그러나 가정에서는 나의 미숙한 성품이 그대로 드러날 수밖에 없습니다. 밖에서는 사랑이 많은 것 같아도 가정에서는 곧잘 바닥난 사랑이 드러납니다. 밖에서는 인내심을 발휘해도 가정에서는 사소한 일도 참지 못합니다. 특히 가장 가까운 사이인 배우자 앞에서 나의 가장 취약한 모습이 여지없이 드러나게 마련입니다. 그래서 마치 철이 철을 날카롭게 하듯이 남편을 통해 나의 성품이 연마되는 것입니다. 까다로운 남편은 나의 성품 훈련학교 교관인 셈입니다. 남편을 통해 나 자신이 예수님을 닮도록 훈련하시는 하나님을 찬양합니다.

⏱ **나눔** 우리 부부는 얼마나 하나 됨을 이루고 있는지 생각해 봅시다. 서로가 하나 됨을 이루어 가는 과정에서 내가 변화된 부분은 무엇입니까? 남편 때문에 나의 성품이 훈련되었다면 어떤 점에서 그렇습니까? 함께 나누어 보십시오.

3. 경건한 자손을 위하여

하나님은 결혼 제도를 통해 경건한 자녀들이 탄생되기를 의도하셨습니다. 남편과 아내의 거룩한 연합을 통해 자손들이 번성하기를 원하신 것입니다.

> ❝하나님이 그들에게 이르시되 생육하고 번성하여 땅에 충만하라❞(창세기 1:28).

위의 말씀에서 보듯이, 하나님의 자녀들이 생육하고 번성하여 하나님의 나라(kingdom of God)를 구축하는 것이 분명한 하나님의 뜻이며 섭리입니다. 우리의 자손들을 통해 하나님의 공의와 구원이 세세토록 흘러가기를 원하신 것입니다. 경건한 자손을 양육하는 것 역시 결혼의 목적이며 사명입니다. 물론 내가 육신으로 낳은 자녀뿐 아니라 영적인 후손을 길러내는 사명 역시 하나님이 원하시는 뜻이라는 것을 기억하십시오.

그러나 그냥 자녀를 낳아서 먹이고 키우는 것만이 자녀 양육이 아닙니다. 그들을 하나님의 진리로 훈련하여 경건한 백성이 되도록 키워 내야 한다는 것을 잊지 마십시오. 그런데 자녀를 진리로 키우는 것은 결코 쉬운 일이 아닙니다. 사탄이 우리 자녀의 영혼을 치열하게 공격하고 있기 때문입니다. 세상의 문화, 사상, 교육, 인본주의 등이 자녀의 신앙을 공격하고 있기 때문입니다. 따라서 자녀를 말씀과 믿음과 진리로 키워 내는 것 역시 아내의 중요한 사명이라는 것을 기억하십시오. 경건한 자손을 위하여 어머니가 먼저 경건함으로 무장할 수 있기를 바랍니다.

2. 돕는 배필

창세기 1장과 2장에는 남자와 여자를 동등하게 영적 존재로 창조하신 내용이 나옵니다. 그러나 2장 후반에 가면 남자와 여자의 순차적인 창조 설계가 등장합니다. 즉 남자를 먼저 지으시고, 여자를 마지막에 돕는 배필로 창조하신 것입니다.

> **66** 여호와 하나님이 이르시되 사람이 혼자 사는 것이 좋지 아니하니 내가 그를 위하여 돕는 배필을 지으리라 하시니라 **99** (창세기 2:18).

인간은 사회적 존재로서 홀로 살 수 없습니다. 우리는 친구가 필요하고 가족이 필요합니다. 남편과 아내는 이 같은 사회적 관계의 기본이고 토대입니다. 성경은 사람이 혼자 사는 것이 좋지 않다고 했습니다. 혼자 외롭게 사는 것이 좋지 않다는 의미입니다. 인간은 서로 의지하고 도우며 살도록 되어 있습니다. 이를 위해 특별히 하나님은 아내에게 사명을 부여하셨습니다. 그것이 바로 '돕는 배필'입니다.

1. 돕는 배필의 의미

창조 때부터 여자는 돕는 배필로 지음받았습니다. 그런데 그동안 이 '돕는다'를 왠지 하위의 개념 혹은 열등한 개념으로 해석하는 경향이 있었습니다. 그러나 최근 성경의 언어를 연구하는 학자들에 의해 보다 정확한 해석이 이루어지면서 그것이 오해라는 사실이 밝혀지고 있습니다. '돕는다'는 히브리어로 '에제르 크네게드'(עֵזֶר כְּנֶגְדּוֹ)로서 이것은 오히려 강력한 능력을 의미한다는 것을 알게 되었습니다. '돕는 배필'로 해석된 '에제르'가 구약성경의 다른 문맥에서 어떻게 사용되고 있는지 살펴보면 다음과 같습니다.

> 하나님 같은 이가 없도다 그가 너를 도우시려고 하늘을 타고 궁창에서 위엄을 나타내시는도다 (신명기 33:26).

> 나는 가난하고 궁핍하오니 하나님이여 속히 내게 임하소서 주는 나의 도움이시요 나를 건지시는 이시오니 여호와여 지체하지 마소서 (시편 70:5).

> 내가 산을 향하여 눈을 들리라 나의 도움이 어디서 올까 나의 도움은 천지를 지으신 여호와에게서로다 (시편 121:1-2).

앞의 성경 본문에서 무엇을 알게 되었습니까? '돕는다'는 단어가 어떻게 쓰이고 있습니까? 하나님이 친히 연약한 인간을 도우러 나타나실 때 '돕는다'라는 단어가 쓰이고 있음을 알 수 있습니다. 절대적으로 도움이 필요한 절박한 순간에 능력의 하나님이 인간을 구원하러 나타나실 때 '돕는다'라는 단어가 사용되고 있습니다. 따라서 '돕는다'는 더욱 능력 있고, 더욱 막강하며, 더욱 지적이다는 것을 의미합니다.[1] 마치 성령님이 우리를 도우시는 것과 같습니다. 예수님이 우리의 연약함을 도우시는 것과 같습니다. 하나님이 우리의 절대적 도움이신 것과 같습니다.

그렇다면 여성은 어떤 존재입니까? 돕는 배필인 아내는 어떤 위치에 있습니까?

'돕는다'는 의미가 무엇이겠습니까? 의사가 환자를 돕지 환자가 의사를 돕지 않듯이, 강한 자가 약한 자를 돕는 것이지 약한 자가 강한 자를 도울 수 없습니다. 나쁜 사람에게서 나를 구할 수 있는 이는 나보다 힘이 세고 능력 있는 사람이어야 합니다. 열등하고 무력한 사람은 도울 수 없습니다. 따라서 남편은 아내의 도움이 절실하게 필요한 사람입니다. 그러므로 여자라서 열등감을 갖거나 무능하다고 생각하지 마십시오. 자기를 비하하지도 마십시오. 그것은 겸손이 아닙니다.

아내는 남편을 적극 도와야 합니다. 아내가 남편을 유능하게 돕기 위해서는 아내가 먼저 실력을 쌓아야 합니다. 날마다 배우고 발전하고 성장해야 합니다. 그러기 위해서는 무엇보다 하나님이 주시는 능력과 영적 지혜를 날마다 덧입어야 합니다.

---

1. 로렌 커닝햄 & 데이비드 해밀턴, *Why Not Women?* (예수전도단), p. 129-131.

2. 무엇을 도울 수 있을까?

결혼은 마치 기업 합병(M&A)과도 같습니다. 두 기업이 합병하여 서로 부족한 면을 보완하고 더 큰 시너지를 내는 것과 같습니다. 그래서 사실은 남편도 아내도 피차 도와야 합니다. 돕는 배필로서 남편을 어떻게 도와야 할까요?

보완(compensation)

만일 결혼 초부터 남편의 부족한 면을 돕겠다는 각오로 시작했다면, 결혼생활은 많이 달라졌을 것입니다. 그런데 돕는 역할을 잘 감당하려면 남편을 먼저 알아야 합니다. 남편의 부족하고 약한 면들을 알아야 합니다. 그것들을 지적하고 비난하고 불평하기 위함이 아니라, 그것들을 적극 보완하기 위해 잘 알아야 합니다. 예를 들어, 남편이 스케줄을 잘 기억하지 못한다면 아내가 메모해 두었다가 알려 줍니다. 바빠서 책 읽을 시간이 없다면 대신 읽고 요약본을 주거나 이야기해 줍니다. 옷을 잘 입을 줄 모른다면 멋지게 코디해 줍니다. 남편이 내성적이라면 대신 사교성을 발휘해 남편의 교제 범위를 넓혀 줍니다. 문서나 원고를 작성해 줄 수도 있고, 먼 길 운전을 해줄 수도 있습니다. 집안일을 유능하게 해내는 것도 훌륭한 '돕는 사역'입니다.

아내들은 흔히 내가 어쩌다가 집안일이나 한다고 불평합니다. 그러나 집안일을 전문가로서 접근하면 생각이 달라집니다. 아내의 역할은 사명이고 사역이고 전문직이기 때문입니다,

위로와 격려(encouragement)

아내가 남편을 돕는 또 다른 역할은 위로와 격려입니다. 위로는 여성의 장점이기도 합니다. 때로는 어머니처럼, 때로는 누이처럼, 때로는 친구처럼 옆에서 용기를 줄 수 있다면 남편은 더 발전하고 성장하게 될 것입니다. 사실 남편은 의외로 약한 면이 많습니다. 겉으론 강한 척하지만 쉽게 낙담하고 용기를 잃습니다. 때로 무거운 책임감으로 눌려 있습니다. 직장에서 무능한 것 같아 심한 압박감을 느낄 수도 있습니다. 이러한 때 아내가 위로해 줄 수 없다면 남편은 어떻게 할까요? 자신을 위로해 줄 무언가를 찾아 밖으로 돌 수 있습니다.

아내는 적극적인 위로자가 되어야 합니다. 의외로 남편은 아내의 위로나 격려의 말 한마디에 큰 힘과 용기를 얻습니다. 아내는 남편에게 위로와 격려를 통해 힘을 주어야 합니다. 남편이 힘들 때 위로하고 격려하는 것은 돕는 배필의 사명입니다.

 나눔 내가 남편을 잘 도왔던 영역이나, 남편을 격려하고 위로했던 경험을 나누어 봅시다. 자랑하셔도 됩니다.

 "사람들이 스스로 할 수 있다고 생각했던 것보다 훨씬 더 성공한 것은 누군가 그들의 능력을 믿고 격려해 주었기 때문이다."(지그 지글러)

3. 선한 영향력 끼치기

우리는 다른 사람을 변화시킬 수 없습니다. 더구나 잔소리나 지적, 비난으로는 결코 누군가를 변화시킬 수 없습니다. 사람은 비난받아서 변하지 않습니다. 그러나 옆에서 좋은 영향력을 끼칠 수 있다면, 그것으로 사람은 변화할 수 있습니다. 남편을 말로써 변화시킬 수는 없으나 아내가 바르게, 선하게, 멋있게 그리고 당당하게 사는 모습을 보여 줌으로써 영향을 끼칠 수 있습니다. 그러므로 당신이 먼저 바로 서십시오. 먼저 선한 일을 하십시오. 먼저 돈을 사랑하거나 세상을 따라가지 마십시오. 남편은 옆에서 당신을 지켜보고 있습니다.

그리고 남편으로 하여금 아내를 존경하는 마음을 갖도록 해야 합니다. 은근히 아내 자랑을 하도록 만드십시오. "저의 아내는 다른 여자들과 다릅니다. 늘 배우고 발전합니다. 늘 선한 일을 합니다. 그리고 마음도 아름답습니다. 저는 아내를 통해 많은 것을 배웁니다. 아내 때문에 내가 많이 변했습니다"라는 말을 듣도록 하십시오. 남편이 하나님께 영광 돌리는 삶을 살도록 선한 영향력을 끼치는 당신이 되기를 축원합니다.

4. 유능한 helper

훌륭한 대통령 곁에는 유능한 조력자들이 있습니다. 유능한 CEO 옆에는 유능한 비서와 스태프들이 있습니다. 성공한 제자 뒤에는 사랑과 실력을 겸비한 스승이 반드시 있습니다. 겸손한 목회자 곁에는 늘 겸손을 일깨워 주는 사모가 있습니다. 건강하게 성장하는 교회에는 유능한 여성 성도들이 있습니다. 따라서 교회는 여신도들을 세워 주고 동역자로 삼아야 합니다. 훌륭한 남편 곁에는 유능한 아내가 '돕는 자'로 존재합니다. 당신의 남편이 다음과 같이 고백할 수 있어야 합니다.

"여보, 당신의 도움이 없었다면 지금의 나와 우리 가정은 존재할 수 없었습니다. 정말 고맙습니다."

"여보, 당신을 나에게 아내로 주신 하나님께 감사합니다. 당신은 하나님의 선물이고 은혜입니다."

"여보, 당신은 정말로 훌륭한 여인이고, 유능한 아내입니다."

아내는 돕는 배필 '에제르 크네게드'(עֵזֶר כְּנֶגְדּוֹ)입니다. 남편은 아내를 의지하고 싶어 합니다. 남편은 아내의 도움을 받고 싶어 합니다. 돕는 배필을 감당하려면 능력을 갖추어야 합니다. 요구하고 의존하고 집착하는 아내가 되지 마십시오. 남편으로부터 모든 것을 충족받으려는 의존성을 버리십시오. 오히려 남편을 적극 도우십시오. 그러기 위해서는 무엇보다도 당신이 실력을 쌓아야 합니다. 정신적으로, 영적으로, 사회적으로 발전하십시오. '돕는 배필'은 위대한 사명입니다.

🍎 기도문

창조주 하나님,

저희에게 돕는 배필의 특권을 주셔서 감사합니다.

저희가 능력으로 돕는 배필을 잘 감당할 때,

하나님의 나라가 더 건강하게 확장될 줄 믿습니다.

전 세계의 여성들이 여자를 '에제르 크네게드'로 창조하신

하나님의 섭리를 알게 하소서.

주님, 날마다 돕는 배필의 사명을 감당할 수 있도록

능력을 공급하여 주소서. 주님을 바라봅니다.

주님만이 우리의 돕는 자이심을 고백합니다.

저희 아내들을 통해 남편과 가정이 바로 서게 하소서.

여성들의 돕는 사역을 통해

교회가 더욱 건강하게 부흥하게 하소서.

예수님의 이름으로 기도합니다. 아멘.

◆ 이번 주간에는 내가 돕는 배필로서 한 주 동안 실천할 과제를 정해 보겠습니다. 그동안 불만으로 여겼던 것들, 마지못해 했던 일들을 돕는 배필의 사명으로 바꾸어 생각해 보십시오. 남편을 보완하며 도울 일들을 생각해 보십시오. 그리고 실천해 보십시오. 잘해 낸 것들에 대해 자신을 칭찬하고, 또 남편에게도 자랑해 보십시오. "내가 이러이러한 것들을 잘해 냈다. 당신을 돕기 위해 열심히 했다"라고 자랑해 보십시오. 다음 빈 칸에 나의 실천 과제를 적어 보십시오.

예)

○ 남편의 차량에 기름이 떨어져 갈 때, 내가 미리 주유소에 가서 기름을 채워 준다.

○ 남편의 서류 작성을 도와준다.

○ 남편에게 용기와 격려를 주기 위해 "당신은 정말 멋진 사람입니다"라고 말해 준다.

○ 남편에게 "오늘 저녁 원하는 메뉴를 말하기만 하면 내가 맛있게 요리합니다"라고 문자를 보낸다.

○ 남편에게 "혹시 내가 당신을 도울 일이 있을까요?"라고 문자를 보낸다.

○ 남편이 이야기를 할 때 비판하거나 말을 자르지 않고 끝까지 잘 들어주며 호응한다.

○ 지친 남편에게 잔소리하지 않고 혼자 시간을 보낼 수 있도록 도와준다.

○ 남편이 좋아하는 야식거리나 차를 만들어 준다.

○ 남편이 시간이 없어서 차가 더러운 채로 운전하고 다니면 내가 세차장에 가서 차를 반짝반짝하게 만들어 준다. 그리고 자랑한다.

1. ....

   ....

   ....

2. ....

   ....

   ....

3. ....

   ....

   ....

4. ....

   ....

   ....

5. ....

   ....

   ....

5과

순종

성경적 순종으로
남편의 리더십을 세우라

Grace-full Wives

현대 사회에서 순종은 환영받지 못하는 단어이며 개념입니다. 순종이라는 말만 들어도 거부감을 보이는 사람도 있습니다. 왜 그렇습니까? 아마도 그동안 순종하기를 강요당했기 때문이 아닐까 합니다. 또는 주변에서 좋은 권위자를 만나지 못했기 때문이 아닐까 싶습니다. 다시 말해 희생적이며 이타적이고 책임감으로 나를 보호하고 사랑한 참된 권위를 경험하지 못했기 때문이 아닌가 합니다.

우리는 그동안 참으로 이기적이고 강압적이며 부당한 권위자들을 많이 보아 왔습니다. 특히 우리 어머니들은 너무나 오랫동안 억울하게 복종하기를 강요당해 왔습니다. 그랬기에 순종은 너무나 힘들고 어려운 고통이었습니다. 마땅히 사랑받고 존중받아야 할 때 굴종을 강요받았기에 우리의 내면에는 거부감과 반항심과 불순종이 형성되었습니다. 이 부정적인 감정은 상처가 되어서 참된 순종을 통해 얻게 되는 영적 축복을 앗아 가고 있습니다.

순종은 우리를 위한 것이었습니다. 순종은 축복과 보호의 통로였습니다. 이제 순종은 굴종의 피해자로서가 아니라 축복의 통로로서 회복되어야 합니다. 회복된 순종, 당당한 순종, 자원하는 순종이 필요합니다.

우리는 예수님을 통해 참 순종을 할 수 있게 되었습니다. 이 땅에 남성으로 오셨지만, 여성들을 인격적으로 존중하시고, 자기 몸을 버리시기까지 사랑과 희생을 보이신 참된 권위자 예수님 때문에 순종을 회복할 수 있습니다.

1. 성경적 순종

존 비비어(John Bevere) 목사가 쓴 《순종》의 원제는 'Under Cover'이고 부제는 'Under His Authority'입니다. '하나님의 권위 아래서 누리는 보호와 자유'라는 뜻입니다. 이 책에는 우리가 세상의 리더와 권위자에게 순종하면, 하나님께서 친히 우리를 덮으시고 보호하신다는 영적 법칙이 담겨 있습니다.

"사탄은 우리를 자유케 하는 것이 속박하는 것인 듯 보이게 하고, 우리를 속박하는 것이 매력 있고 선한 듯 보이게 하는 데 선수다."[2]

존 비비어 목사는 순종은 속박이 아니라 오히려 자유가 된다고 말합니다. 정말 그렇습니다. 진정한 순종은 속박이 아니라 자유를 가져옵니다. 우리가 남편에게 순종하면 하나님이 친히 나를 보호하시며 역사하신다는 영적 법칙입니다. 그것이 성경적 순종의 출발점입니다.

---

2. 존 비비어, 《순종》(두란노), p. 21.

1. 예수님의 순종

예수님은 근본 하나님이셨지만 기꺼이 자신을 비워 종의 위치로 내려오셨습니다. 자신을 낮추시고 죽기까지 복종하셨습니다. 예수님의 순종으로 인류의 구원은 완성되었고, 이제 예수님은 모든 이름 위에 뛰어난 이름이 되셨습니다. 모든 인류가 영광을 돌릴 만왕의 왕이 되신 것입니다.

> 너희 안에 이 마음을 품으라 곧 그리스도 예수의 마음이니 그는 근본 하나님의 본체시나 하나님과 동등됨을 취할 것으로 여기지 아니하시고 오히려 자기를 비워 종의 형체를 가지사 사람들과 같이 되셨고 사람의 모양으로 나타나사 자기를 낮추시고 죽기까지 복종하셨으니 곧 십자가에 죽으심이라 이러므로 하나님이 그를 지극히 높여 모든 이름 위에 뛰어난 이름을 주사 하늘에 있는 자들과 땅에 있는 자들과 땅 아래에 있는 자들로 모든 무릎을 예수의 이름에 꿇게 하시고 모든 입으로 예수 그리스도를 주라 시인하여 하나님 아버지께 영광을 돌리게 하셨느니라 **"** (빌립보서 2:5-11).

창조주 하나님이 지극히 높은 보좌를 버리고 가장 낮고 천한 모양으로 우리에게 오셨습니다. 왕궁에서 왕자로 오지 않으시고, 가축의 먹이통인 구유에서 태어나셨습니다. 가장 낮아지신 예수님은 이 땅에서 한결같이 순종의 본을 보이셨습니다.

> 예수께서 함께 내려가사 나사렛에 이르러 순종하여 받드시더라 **"** (누가복음 2:51).

왜 순종해야 하는가?

창세기에서 아담은 하나님께 불순종했다. 불순종의 영인 사탄에게 넘어간 것이다. 아담이 순종하지 아니함으로 모든 인류는 죄인이 되었다. 그러나 예수님은 하나님께 철저히 순종하셨다. 십자가의 고난까지도 순종하셨다. 예수님의 완전한 순종하심으로 인류는 의인의 길을 얻게 되었다. 지금도 하나님은 순종하는 사람들을 통해 구원의 역사를 계속 이루고 계신다.

이처럼 예수님은 부모에게도 순종하셨습니다. 또한 당시 악한 정부였던 가이사에게도 세금을 바침으로 이 땅의 권세에 대해 순종을 보이셨습니다(누가복음 20:24-25). 무엇보다도 예수님은 아버지 하나님께 철저히 순종하시어, 하나님이 하라고 하신 일을 다 이루셨습니다.

> 66 아버지께서 내게 하라고 주신 일을 내가 이루어 아버지를 이 세상에서 영화롭게 하였사오니 99 (요한복음 17:4).

참으로 놀라운 순종입니다. 예수님의 순종으로 우리는 값없이 구원을 받게 된 것입니다. 우리는 예수님에게서 순종을 배워야 합니다. 우리에게 본을 보이신 예수님처럼 순종으로 하나님을 기쁘시게 해야 합니다.

---

3. 성경적 남편은 군림하는 리더십이 아니라 섬기는 종의 리더십을 뜻합니다. 지배자로서가 아니라 자기희생적 사랑으로 가정을 이끌어 가는 남편입니다. 또한 아내를 인격적으로 소중하게 존중하는 자세를 가져야 합니다. 그러기 위해서는 남편이 예수 그리스도께 순종하면서 가정을 이끌어 가야 합니다.

2. 질서의 하나님

> 아내들이여 자기 남편에게 복종하기를 주께 하듯 하라 이는 남편이 아내의 머리 됨이 그리스도께서 교회의 머리 됨과 같음이니 그가 바로 몸의 구주시니라 그러므로 교회가 그리스도에게 하듯 아내들도 범사에 자기 남편에게 복종할지니라 (에베소서 5:22-24).

성경은 남편을 아내의 머리됨으로 인정하여 가정의 질서를 유지하는 것이 순종이라고 가르치고 있습니다. 머리됨이란 권위자 또는 리더로 인정하라는 것입니다. 아내로서 남편을 지도자로 인정해 주며, 격려하며, 지지하며, 높여 주며, 존경하는 태도를 가지고 순종하라는 것입니다. 물론 조력자로서 남편의 부족한 면을 보완하는 것을 포함합니다. 이것을 성경 전체를 놓고 이해하면 다음과 같습니다.

남편은 그리스도께 순종하고, 아내는 남편에게 순종합니다. 그러면 자녀는 부모에게 순종하게 됩니다. 역으로 하면 자녀는 부모에게 순종합니다. 아내는 남편에게 순종합니다. 남편은 그리스께 순종합니다. 그리하여 결국 가정과 교회가 그리스도께 순종하는 영적 질서를 이룹니다. 하나님은 질서의 하나님이십니다.

물론 그리스도께 순종하지 못하는 남편도 많습니다.[3] 그래도 아내가 해야 할 일은 남편에게 순종하는 것입니다. 그것은 주님의 말씀에 순종하는 것이기 때문입니다. 그리고 순종은 하나님이 우리를 보호하시는 방법이기 때문입니다.

2. 순종의 능력

순종은 성숙한 사람의 성품이며 능력입니다. 예를 들어, 대학에 는 총장이 있고 부총장이 있습니다. 성숙한 부총장이라면 총장 의 리더십을 세워 줍니다. 총장의 비전이나 결정을 뒷받침해 줍 니다. 사람들 앞에서 총장의 권위를 올려 줍니다. 학교 내부에 서는 유능한 행정력으로 학교를 잘 경영합니다. 그래서 학교가 일사불란하게 잘 발전하게 됩니다. 사람들도 부총장의 성품과 능력이 훌륭해서 학교가 발전한다는 것을 잘 알고 있습니다. 누 구든지 부총장을 인정하고 있는 것입니다. 이런 사람은 때가 되 면 더 높은 위치로 올라갈 수 있습니다. 그는 순종의 시험에서 합격했기 때문입니다.

반대로 미성숙한 부총장은 총장의 권위를 인정하지 않습 니다. 총장의 결정이나 지시에도 불순종합니다. 사람들 앞에 서 총장의 단점을 거론하며 깎아내립니다. 학교의 행정에 대 해서는 무책임합니다. 학교가 잘될 리 없습니다. 사실 사람들 은 잘 알고 있습니다. 부총장 자신이 문제가 많은 사람이라는 것을 말입니다. 이런 사람은 하나님이 더 크게 쓰실 수가 없습 니다. 순종의 시험에서 실패했기 때문입니다.

마찬가지로 성숙한 성품과 능력을 지닌 아내라면 남편의 리더십을 세워 줍니다. 남편의 결정을 뒷받침해 줍니다. 남편 의 부족함을 보완합니다. 자녀들과 사람들 앞에서 남편의 권 위를 올려 줍니다. 그리고 집에서는 유능함으로 가정을 잘 운 영합니다. 그래서 가정은 질서 있게 잘 기능하게 됩니다. 사실 사람들은 잘 알고 있습니다. 아내가 훌륭해서 가정이 복 받는

순종의 시험이란?

하나님은 믿음의 사람들에 게 순종의 시험을 주신다. 창세기 22장에서 하나님은 아브라함을 테스트하셨다. 하나님의 어려운 명령에도 순종하는가를 보려 하셨다. 아브라함은 순종의 시험에 합격함으로 하나님을 크게 기쁘시게 하였다. "또 네 씨로 말미암아 천하 만민이 복을 받으리니 이는 네가 나의 말을 준행(obey) 하였음이니라 하셨다 하니 라"(창세기 22:18).

다는 것을 말입니다.

반대로 미성숙한 아내라면 남편의 권위를 무시하고 깎아
내립니다. 남편의 결정과 지시에 불순종합니다. 집안일에 대
해서도 엉망으로 무책임합니다. 자녀들 앞에서 남편을 인정하
지 않습니다. 밖에서는 남편의 흉을 보고 다닙니다. 가정이 잘
될 리가 없습니다. 사실 사람들은 잘 알고 있습니다. 아내 자
신이 문제가 많은 사람이라는 것을 말입니다. 이런 가정은 하
나님의 축복을 받을 수가 없습니다.

당신은 어떤 아내입니까? 남편을 인정해 주고 세워 주는
아내입니까? 남편의 지시에 순종하는 아내입니까? 남편의 최
종 결정권을 인정해 줍니까? 사람들 앞에서 남편을 존경하는
태도를 유지합니까? 유능한 아내로서 가정을 잘 경영하고 있
습니까? 순종의 능력을 지니고 있습니까, 아니면 남편을 무시
하며 사사건건 불순종합니까? 사람들과 자녀들 앞에서 남편
에 대해 불평하며, 남편의 권위를 깎아내리고 있습니까? 그래
서 나도 모르게 가정의 질서를 무너뜨리고 있습니까? 아내로
서 자신의 성품을 돌아보기를 바랍니다.

🕐 **나눔** 당신은 예수님의 순종을 깨달으며 남편에게 순종해야
한다는 하나님의 질서를 받아들일 수 있습니까? 혹시 남편에게
순종하는 것이 어려운 이유가 무엇입니까? 함께 나누어 보십시오.

**성경에서 말하는 권위가
무엇인가?**

하나님은 이 땅에 권위자를
세우신다. 모든 권위는 하
나님께서 정하신 것이므로
우리가 권위에 순종하는 것
은 하나님께 순종하는 것이
된다.
"각 사람은 위에 있는 권세
들에게 복종하라 권세는 하
나님으로부터 나지 않음이
없나니 모든 권세는 다 하나
님께서 정하신 바라 그러므
로 권세를 거스르는 자는 하
나님의 명을 거스름이니 거
스르는 자들은 심판을 자취
하리라"(로마서 13:1-2).

3. 말씀으로 배우는 순종

“ 아내들아 이와 같이 자기 남편에게 순종하라 이는 혹 말씀을 순종하지 않는 자라도 말로 말미암지 않고 그 아내의 행실로 말미암아 구원을 받게 하려 함이니 너희의 두려워하며 정결한 행실을 봄이라 너희의 단장은 머리를 꾸미고 금을 차고 아름다운 옷을 입는 외모로 하지 말고 오직 마음에 숨은 사람을 온유하고 안정한 심령의 썩지 아니할 것으로 하라 이는 하나님 앞에 값진 것이니라 ”(베드로전서 3:1-4).

베드로전서는 구원받은 그리스도인들이 나그네 같은 세상에서 어떻게 살아가야 하는가의 지침을 주고 있습니다. 1장 15절에서는 "오직 너희를 부르신 거룩한 이처럼 너희도 모든 행실에 거룩한 자가 되라"고 권면하고 있습니다. 거룩함이란 세상을 피하는 것이 아니라, 세상 속에서 빛의 삶을 사는 것입니다. 가정에서도 순종함으로 거룩한 부녀의 삶을 사는 것을 말하고 있습니다.

1. 믿지 않는 남편에게도 순종하라

베드로전서 3장 1절에 의하면, 말씀에 순종하지 않는 남편에게도 아내는 순종해야 한다고 명령하고 있습니다. 다시 말하면, 예수님을 믿지 않으며 하나님 말씀에 불순종하는 남편에게도 순종하라는 것입니다. 아내의 순종으로 말미암아 남편이 구원받을 수 있기 때문입니다. 전도는 말로 하는 것이 아니라 순종의 행실로 하는 것입니다.

주위를 보면 소위 예수님을 잘 믿는다는 아내가 불신자 남편을 깎아내리고 무시하는 모습을 종종 봅니다. 교회의 목사님은 존경하면서 남편은 무시합니다. 목사님에게는 순종하면서 남편에게는 불순종합니다. 그러면서 말로써 남편을 전도하려 합니다. 남편은 그런 아내로 인해 교회에 대한 반감만 커질 뿐입니다. 오히려 더 강퍅해집니다.

예수님을 잘 믿는 아내라면 이전보다 더 남편에게 순종해야 합니다. 많은 말과 설교보다 순종의 행실을 보여야 합니다. 남편은 아내가 순종할 때 존경받는다고 느낍니다. 남편이 불신앙의 행동을 하더라도 남편을 존경하십시오. 남편은 그런 아내를 보며 '예수 믿은 후 나를 더 세워 주는구나' 싶어 내심 놀라게 되고 아내를 인정하게 됩니다. 아내를 인정하면 아내가 믿는 예수님도 인정하게 됩니다. 하나님은 남편의 영혼 구원에 지대한 관심이 있습니다. 남편의 구원을 원한다면 순종의 태도를 보이십시오. 그것이 하나님을 경외하고 두려워하는 태도입니다. 우리의 순종으로 남편이 속히 하나님께 돌아오는 역사가 있기를 바랍니다.

2. 마음에 숨은 사람

4절의 "마음에 숨은 사람"은 영어 성경에는 'inner self'로 번역되어 있습니다. 즉 '내면의 자아'를 의미합니다. 예수님을 주님으로 모셔들인 여인은 세상 사람들처럼 "머리를 꾸미고 금을 차고 아름다운 옷을 입는 외모"에 치중하지 않습니다. 외모의 화려함보다는 내면의 자아를 아름답게 가꿉니다(3-4절). 온유하고 안정된 심령, 다시 말해 고상하고 흔들리지 않는 내면의 인격과 성품을 가꾸십시오.

내면의 존귀함을 가꾸십시오. 내면의 존엄성을 회복하십시오. 말씀으로 당신의 영을 채우십시오. 그러면 내면이 아름다운 사람이 될 수 있습니다. 그것이 하나님 앞에서도 값진 일이지만, 남편 앞에서도 값지고 존귀한 일입니다. 믿음의 아내는 내면의 자아가 아름답습니다. 남편은 그런 아내를 더욱 존중하고 사랑할 수밖에 없습니다. 그런 아내는 남편에게 선한 영향을 끼치게 됩니다.

3. 나쁜 일을 강요할 때

만일 남편이 아내에게 옳지 않은 일, 즉 하나님의 말씀과 반대되는 일을 요구한다면 아내는 그 명령에 순종하지 않아도 됩니다. 예를 들면 부도덕한 일을 시킨다든가, 아내를 구타한다든가, 타인에게 피해 주는 일을 강요한다면 순종할 수 없습니다. 그러나 중요한 것은 마음과 태도입니다. 순종하는 마음과 태도로 거절해야 합니다. 예를 들어 "성경 말씀에 남편에게 순종하라고 하셨지만, 그것은 하나님이 원하시는 일이 아니기 때문에 나는 할 수 없습니다"라고 분명하게 거절해야 합니다. 또는 "나는 당신에게 감사한 것이 많지만, 이것은 옳지 않은 일이기 때문에 순종할 수 없습니다"라고 거부해야 합니다. 거절은 정중하고 공손하게 그러나 단호하게 해야 합니다.

물론 그로 인해 남편의 핍박이 있다면 감당해야겠지만, 그래도 순종하는 태도를 잃어서는 안 됩니다. 남편도 사실 그것이 옳지 않다는 것을 알고 있을지도 모릅니다. 아내가 정중하고 단호하게 거절하면 자신의 잘못이 분명하게 보일 것입니다. 이것이 바로 아내의 선한 영향력입니다.

"사환들아 범사에 두려워함으로 주인들에게 순종하되 선하고 관용하는 자들에게만 아니라 또한 까다로운 자들에게도 그리하라 부당하게 고난을 받아도 하나님을 생각함으로 슬픔을 참으면 이는 아름다우나 죄가 있어 매를 맞고 참으면 무슨 칭찬이 있으리요 그러나 선을 행함으로 고난을 받고 참으면 이는 하나님 앞에 아름다우니라"(베드로전서 2:18–20).

4. 하나님께 소망을 두었던 사라

> 66 전에 하나님께 소망을 두었던 거룩한 부녀들도 이와 같이 자기 남편에게 순종함으로 자기를 단장하였나니 사라가 아 브라함을 주라 칭하여 순종한 것같이 너희는 선을 행하고 아무 두려운 일에도 놀라지 아니하면 그의 딸이 된 것이니 라 99 (베드로전서 3:5-6).

창세기 12장과 20장에서 남편 아브라함은 애굽의 바로 왕 과 아비멜렉 왕으로부터 자신의 신변을 보호하기 위해 아내 를 누이라고 속였습니다. 자기 하나 살겠다고 아내를 위험에 처하게 한 것입니다. 부당한 남편에게 사라는 어떻게 했습니 까? 말씀에 의하면 사라는 두려운 일에도 놀라지 않았다고 했 습니다. 순종으로 선을 행했다고 기록되어 있습니다. 어떻게 그러한 순종을 할 수 있었을까요? 그 비결은 하나님께 소망을 두었기 때문입니다(베드로전서 3:5-6). 분명 간절한 기도로 하나 님의 SOS를 요청했을 것입니다. "하나님, 어찌할까요?"라고 여쭈어 보았을 것입니다. 사라는 하나님께서 이번에 자신을 보호하신다는 확신과 믿음을 가진 것이 아니었을까요? 결국 하나님은 사라를 보호하셨고 친히 그 문제를 해결하셨습니다. 사라는 순종했고, 하나님은 그녀를 보호하셨습니다.

남편이 부당한 일을 시켰을 때, 아내는 주님께 기도할 수 있습니다. 주님이 친히 개입하셔서 이 문제를 해결해 달라고 간구할 수 있습니다. 아내가 남편을 바꾸는 것보다 하나님이 남편을 바꾸시는 것이 더 완전합니다. 아내가 환경을 바꾸는 것보다 하나님께서 환경을 다스리시는 것이 더 안전합니다.

남편보다 하나님을 더 믿는 것, 그것이 하나님께 소망을 두는 것입니다.

　남편을 위해 기도하십시오. 남편의 일을 하나님께 고하십시오. 하나님이 남편을 만지시도록, 하나님이 다스리시도록, 하나님이 남편을 변화시키도록, 오직 하나님만 의뢰하십시오. 그것이 곧 하나님께 소망을 두는 것입니다. 단지 우리가 해야 할 일은 순종하는 태도를 보이는 것입니다. 내가 하나님께 기도하며 순종하면 하나님은 친히 역사하십니다.

🕐 **나눔**

1. 오직 기도로 남편이 변화된 간증을 나누어 보세요.
2. 부당한 일에 대해 정중한 태도로 반대 의사를 표명한 경험이 있으면 나누어 보세요. 그 결과가 어떠했는지 간증해 보세요.

4. 순종하는 가정

하나님은 그분의 모든 말씀과 명령을 삼가 듣고 순종하면 온갖 복을 남김없이 내려 주신다고 약속하셨습니다(신명기 28:1-14). 그런데 교회 다니는 사람은 많아도 말씀에 순종하는 사람은 많지 않습니다. 당신의 가정이 복 받기를 원한다면, 순종하는 가정이 되어야 합니다. 그러기 위해서는 아내가 먼저 순종의 본을 보여야 합니다. 어머니가 아버지에게 순종하는 모습을 보이면, 자녀는 자연스레 부모에게 순종하는 법을 배우게 됩니다.

> 자녀들아 주 안에서 너희 부모에게 순종하라 이것이 옳으니라 네 아버지와 어머니를 공경하라 이것은 약속이 있는 첫 계명이니 이로써 네가 잘되고 땅에서 장수하리라 (에베소서 6:1-3).

부모에게 순종하는 자녀는 땅에서도 잘되고 장수한다는 하나님의 약속입니다. 우리는 자녀에게 순종을 가르쳐야 합니다. 우리 가정에 순종의 영이 흐르게 해야 합니다. 그리고 그것은 아내의 순종에서 시작됩니다. 당신의 가정에 순종의 축복이 넘칠 수 있기를 바랍니다.

🍎 **기도문**

하나님 아버지,

한 사람 아담의 불순종으로 인류가 죄에 빠졌는데,

한 사람 예수 그리스도의 순종으로

우리를 구원해 주셔서 감사드립니다.

이제 예수님의 순종을 저희도 배우기 원합니다.

예수님의 순종을 본받아, 기꺼이 남편에게도 순종하겠습니다.

까다로운 남편에게도 순종하겠습니다.

예수님을 모르는 남편에게도 순종을 보이겠습니다.

나의 순종으로 남편이 예수님을 만날 수 있도록 도와주옵소서.

나의 순종으로 자녀들도 순종의 복을 받게 하옵소서.

하나님 아버지, 우리 자녀들이

주님 말씀에 순종하는 자녀가 되게 하옵소서.

우리 가정에 순종이 흐르게 하시고,

불순종이 떠나가게 하옵소서.

예수님의 이름으로 기도합니다. 아멘.

◆ 이번 주 과제는 '남편에게 순종하기'입니다. 나의 남편이 어떤 순종을 원할지 생각해 보고 오른쪽에 적어 보세요. 그리고 실천해 보십시오. 잘해 낸 것들에 대해 나누어 보십시오. 그에 대한 반응과 결과도 함께 나누어 보십시오.

예)

○ 순종하는 태도를 보여주기 위해 남편에게 공손한 말을 사용한다.

○ 남편의 요구에 대해 순종하는 태도로 즉각 실천한다(반찬 요구, 시댁에 전화하기 등).

○ 나는 싫지만 남편이 원하는 일을 함께 한다(같이 야구 보기, 게임하기, 산책하기, 〈셜록 홈즈〉 수사극 보기 등).

1.

2.

3.

4.

5.

6과

잠언 31장의 아내

하나님을 경외하는 여인이
가정을 윤택하게 한다

Grace-full Wives

잠언은 '지혜의 말씀' 또는 '경계의 말씀'이라는 뜻이 있습니다. 하나님을 경외하는 사람들이 어떻게 생각하고 행동하며 살아갈 것인가에 대한 권면의 말씀입니다. 거의 3천 년 전에 기록된 고대 문서이지만, 21세기를 사는 우리에게도 놀라운 지혜와 기준을 제시해 줍니다. 이처럼 하나님의 말씀은 시대와 지역과 문화를 초월합니다. "여호와를 경외하는 것이 지혜의 근본이요 거룩하신 자를 아는 것이 명철이니라"(잠언 9:10)는 말씀처럼 하나님을 경외하는 것이 모든 지혜와 지식의 시작이며 끝입니다.

잠언서는 한편으로는 아내를 얻는 사람의 복에 대해 쓰고 있는데, 슬기로운 아내는 여호와께서 주시는 선물(잠언 19:14)이라고 묘사하고 있습니다. 또한 어진 여인은 지아비의 면류관(잠언 12:4)이라고 표현하고 있습니다. 반면에 다투는 아내는 남편의 뼈를 썩게 만든다고 경고합니다. "지혜로운 여인은 자기 집을 세우되 미련한 여인은 자기 손으로 그것을 허느니라"(잠언 14:1)고 하셨듯이 아내가 지혜로운가, 미련한가에 따라 가정이 세워질 수도 있고 무너질 수도 있습니다.

마지막 31장에는 놀라운 한 여인이 등장합니다. 고대의 여성이라고 하기에는 너무나 현대적인 감각을 지닌 여인입니다. 오히려 현대를 사는 우리가 배우고 본받아야 할 아내의 모델을 제시하는 여인입니다. 본문을 통해 아내로서 자신의 모습을 돌아보는 시간을 갖기 원합니다.

1. 잠언 31장의 여인

<잠언 31장 10-31절 말씀>

10 누가 현숙한 여인을 찾아 얻겠느냐 그의 값은 진주보다 더 하니라

11 그런 자의 남편의 마음은 그를 믿나니 산업이 핍절하지 아니하겠으며

12 그런 자는 살아 있는 동안에 그의 남편에게 선을 행하고 악을 행하지 아니하느니라

13 그는 양털과 삼을 구하여 부지런히 손으로 일하며

14 상인의 배와 같아서 먼 데서 양식을 가져오며

15 밤이 새기 전에 일어나서 자기 집안사람들에게 음식을 나누어 주며 여종들에게 일을 정하여 맡기며

16 밭을 살펴보고 사며 자기의 손으로 번 것을 가지고 포도원을 일구며

17 힘 있게 허리를 묶으며 자기의 팔을 강하게 하며

18 자기의 장사가 잘되는 줄을 깨닫고 밤에 등불을 끄지 아니하며

19 손으로 솜뭉치를 들고 손가락으로 가락을 잡으며

20 그는 곤고한 자에게 손을 펴며 궁핍한 자를 위하여 손을 내밀며

21 자기 집 사람들은 다 홍색 옷을 입었으므로 눈이 와도 그는 자기 집 사람들을 위하여 염려하지 아니하며

22 그는 자기를 위하여 아름다운 이불을 지으며 세마포와 자색 옷을 입으며

23 그의 남편은 그 땅의 장로들과 함께 성문에 앉으며 사람들의 인정을 받으며

24 그는 베로 옷을 지어 팔며 띠를 만들어 상인들에게 맡기며

25 능력과 존귀로 옷을 삼고 후일을 웃으며

26 입을 열어 지혜를 베풀며 그의 혀로 인애의 법을 말하며

27 자기의 집안 일을 보살피고 게을리 얻은 양식을 먹지 아니하나니

28 그의 자식들은 일어나 감사하며 그의 남편은 칭찬하기를

29 덕행 있는 여자가 많으나 그대는 모든 여자보다 뛰어나다 하느니라

30 고운 것도 거짓되고 아름다운 것도 헛되나 오직 여호와를 경외하는 여자는 칭찬을 받을 것이라

31 그 손의 열매가 그에게로 돌아갈 것이요 그 행한 일로 말미암아 성문에서 칭찬을 받으리라

1. 누가 현숙한 여인을 찾아 얻겠느냐 그의 값은 진주보다 더 하니라(10-12절)

잠언 31장의 본문 10-12절을 풀어 옮기면 이렇습니다.

현숙하고 덕스러운 성품의 아내를 얻는 남편은 정말 행운아이고 여호와께 복을 받은 사람입니다. 그러한 아내는 당시 가장 값진 보석이던 진주나 홍보석과도 견줄 수 없을 만큼 귀하고 가치가 있습니다. 그녀의 남편은 아내를 100% 신뢰할 수 있습니다. 왜냐하면 아내는 모든 일에 지혜롭고 현명하며 고상한 결정을 내리기 때문입니다. 그 남편의 삶에는 무엇 하나 부족함이 없습니다. 그러한 아내는 일생 동안 남편에게 어떠한 해도 끼치지 않으며 오직 선을 가져다줍니다.

이 여인은 현숙한 성품을 가진 아내입니다. 내면의 자아가 덕스러운 여인입니다. 어떻게 이러한 성품을 가질 수 있었을까요? 어려서부터 좋은 교육과 훈련을 받았을지도 모릅니다. 그러나 30절을 보면 여인은 무엇보다 여호와를 경외하는 아내였습니다. 그래서 주님이 주시는 지혜와 성품과 능력을 가질 수 있었습니다.

아내로서 당신의 성품은 어떻습니까? 남편이 당신을 온전히 신뢰할 수 있을 만큼 매사에 지혜롭고 현명합니까? 당신은 남편의 삶에 덕과 선을 제공하고 있습니까? 아니라면 혹시 남편의 인생에 해를 끼치고 있지는 않습니까? 자신을 돌아볼 수 있기 바랍니다.

2. 부지런히 가정을 운영하는 경영인(13-19절)

본문의 여인은 가정을 적극적으로 경영하는 아내입니다. 실제로 옷감이나 양탄자와 같은 가내 수공업을 운영했던 것 같습니다. 그러기 위해 양털과 삼을 멀리서 구해 왔고, 밤에도 등불을 끄지 않았습니다. 여종들에게 일을 효과적으로 분배하기도 했지만, 자신이 직접 솜뭉치와 가락을 잡았습니다. 부지런히 일하여 가내 수공업을 일으켰습니다. 당시 여자들에게 가해지던 많은 제약에도 불구하고 상인들과 무역도 했습니다. 이렇듯 유능한 아내로 인해 가정은 부흥했고, 남편은 정말 복 받은 사람이 되었습니다.

아내는 가정을 운영하는 경영인입니다. 그런 의미에서 아내의 역할은 전문직입니다. 월급을 받는다면 아주 많이 받아야 할 것입니다. 요즘 밖에서 일하는 아내를 워킹맘(working mom)이라고 부릅니다. 아내가 밖에서 돈을 벌면 유능하다고 여겨지기도 합니다. 그러나 밖에서 돈을 벌지 않아도 가정경제를 부흥시킬 수 있습니다. 지혜롭게 근검절약하고 가정경제를 잘 운영하면 워킹맘 못지않은 기여를 할 수 있습니다. 그러므로 아내로서 전문적인 자세를 가지십시오. 자녀를 잘 키우는 것, 가족의 건강을 지키는 것, 근검절약하여 가정경제를 잘 운용하는 것, 모두 아내의 역할(job description)입니다.

그러기 위해 경제도 연구하고, 자녀교육도 연구하고, 건강도 연구하고, 요리도 연구하십시오. 그렇게 연구하다가 가정에서 산업이 시작되는 경우도 종종 봅니다. 무엇보다 남편과 자녀들이 가정에서 안정감을 갖게 하는 것이 아내의 사명임을 기억하십시오. 당신 때문에 남편이 큰 복을 누릴 수 있기 바랍니다.

3. 힘 있게 허리를 묶으며 자기의 팔을 강하게 하며(17절)

본문의 아내는 마냥 연약한 여성이 아닙니다. 오히려 힘 있게 허리를 묶고 일하는 강인한 여성입니다. 예전의 우리 어머니들이 생각납니다. 어머니들은 놀랍게도 슈퍼우먼처럼 많은 일을 거뜬히 해 내셨습니다. 참으로 강인한 아내였고 어머니였습니다. 그런데 요즘 주위를 보면 남편에게 지나치게 의존하면서 '나는 아무것도 못한다'는 태도로 일관하는 아내들을 종종 봅니다. 무슨 일이든 남편에게 해 달라고 하고, 집안일이나 자녀양육조차 남에게 맡기는 아내들도 있습니다.

그러나 어머니는 강합니다. 아내도 강할 수 있습니다. 무거운 것도 들 수 있고, 이삿짐도 쌀 수 있고, 김장도 할 수 있고, 집수리도 할 수 있고, 전등도 바꿔 낄 수 있습니다. 밤새워 자녀를 돌볼 수도 있고 자녀를 등에 업고 키울 수도 있습니다. 강인해지십시오. 희생하는 아내가 되어 보십시오. 오히려 남편이 아내를 의지할 것입니다. 남편에게 실제적인 도움을 주는 아내가 되십시오. 힘 있게 가정을 운용하는 아내, 빈틈없이 가정을 가꾸는 슈퍼 아내가 되어 보십시오. 만능 박사가 되어 보십시오. 그런 아내에게 남편은 한없이 고마워할 것입니다. 자녀들이 그런 엄마에게 두고두고 감사할 것입니다. 자기가 가진 능력을 십분 발휘하여 가정을 굳게 세워 가기를 바랍니다.

4. 곤고한 자에게 손을 펴며 궁핍한 자를 위하여 손을 내밀며(20절)

지금까지 묵상한 것처럼 이 가정은 유능한 아내로 인하여 물질적으로도 큰 복을 받아 누리게 되었습니다. 그러나 더욱 귀한 것은 하나님이 주신 물질로 자기들만 배부르게 살지 않았다는 사실입니다. 오히려 곤고한 자에게 손을 펴며 궁핍한 자에게 손을 내밀어 구제하는 아내였습니다. 얼마나 아름다운 아내입니까? 하나님을 경외하는 여인이었기에 주위의 가난한 사람도 돌아볼 수 있었습니다. 아마도 "흩어 구제하여도 더욱 부하게 되는 일이 있나니 과도히 아껴도 가난하게 될 뿐이니라"(잠언 11:24)와 "구제를 좋아하는 자는 풍족하여질 것이요 남을 윤택하게 하는 자는 자기도 윤택하여지리라"(잠언 11:25)는 말씀을 잘 알고 있었던 듯합니다. 하나님의 말씀을 알 뿐 아니라 그 말씀에 순종하는 여인이었던 듯합니다.

그렇습니다. 하나님을 경외하는 가정의 특징 중 하나는 구제와 선행을 한다는 사실입니다. 하나님을 경외하는 가정은 자기들만 잘 먹고 잘사는 이기적인 가정이 아니라, 가난한 자와 소외된 자들을 돌아보고 구제하며 돈을 선하게 쓰는 가정입니다. 이런 가정이야말로 참 복을 받아 누리는 믿음의 가정입니다.

5. 자기를 위하여 아름다운 이불을 지으며 세마포와 자색 옷을 입으며(22절)

예전의 우리 어머니들은 오로지 남편과 자식을 위해 자신을 희생하며 사셨습니다. 맛있는 음식도 사양하셨습니다. 그래서 자식들은 엄마는 원래 좋은 음식을 싫어하는 줄로 오해했습니다. 자기를 위해 예쁜 옷을 사서 입으시는 것을 본 적이 없습니다. 그래서 엄마는 예쁜 옷도 별로 좋아하지 않는 줄 알았습니다. 그렇다 보니 나중에라도 남편과 자식과 며느리에게 좋은 대접도 받지 못하셨습니다. 물론 당시는 너나없이 가난한 시절이라 그럴 수밖에 없었지만, 생각해 보면 참으로 안타깝습니다.

그러나 본문에 등장하는 여인은 사뭇 다릅니다. 먼저 가족 모두에게 홍색 옷을 입혀서 눈이 와도 염려하지 않았습니다. 홍색 옷이란 두꺼운 솜옷임을 연상할 수 있습니다. 그녀는 당시 난방이 쉽지 않던 시대에 식구들을 위해 겨울옷을 든든하게 준비하는 사려 깊은 여인이었습니다. 그러나 이 여인의 특별한 점은 자기 자신을 위해서도 아름다운 이불을 지었고 세마포와 자색 옷을 지어 입었다는 사실입니다. 세마포는 당시 고급 아마포로서 상당히 고가의 상품입니다. 더구나 자색 염료는 고귀함을 상징하는 매력적인 색이었습니다. 그녀는 부지런해서 집안을 열심히 돌보는 한편, 자신을 매력적으로 가꿀 줄도 아는 여인이었습니다. 고대 여인이었지만 자기 자신을 위해서도 아름다운 이불을 지을 줄 아는 참으로 멋진 여인이었습니다.

6. 남편은 그 땅의 장로들과 함께 성문에 앉으며 사람들의 인정을 받으며(23절)

고대 이스라엘에서 성문은 서로 지혜를 토론하고 또 지혜를 교육하는 공적인 장소였습니다. 또한 재판이 이루어지고 계약이 선포되는 곳이기도 했습니다. 이 성문에서 재판을 집행하는 사람들이 주로 장로들, 즉 원로들이었습니다. 따라서 이 여인의 남편이 장로들과 함께 성문에 앉았다는 것은 사회에서 성공한 지도자가 되었다는 의미입니다. 여인은 아내의 영향력으로 남편을 발전시켰고 사회적으로 성공시켰습니다.

훌륭한 아내는 남편을 큰 그릇으로 만듭니다. 남편이 정신적으로 영적으로 사회적으로 발전하도록 돕습니다. 남편을 늘 격려하고 지지하고 도전하므로 남편을 성장시킵니다. 그래서 남편이 사회를 위해, 나라를 위해, 진리를 위해, 하나님의 교회를 위해 쓰임받을 수 있도록 중보 기도합니다. 지혜로운 아내를 만난 남편은 결국 하나님께 크게 쓰임받는 사람이 됩니다. 당신은 남편을 발전시키고 있습니까? 남편의 영적 성장과 발전을 위해 어떤 노력을 기울이고 있습니까?

7. 능력과 존귀로 옷을 삼고(25절)

이제 이 여인의 가장 귀한 성품이 묘사되고 있습니다. 능력과 존귀(strength & dignity)를 겸비한 여인이었다는 최고의 찬사입니다. 그녀에게는 흔들리지 않는 내적인 힘과 능력이 있었다는 것입니다. 베드로전서 3장에서 말하는 내면의 "온유하고 안정한 심령"을 지닌 여인과도 같습니다. 그녀는 존귀함(dignity)을 지닌 아내였습니다. "와, 저 여성은 정말 존귀하다!"라는 칭찬 속에는 그녀에게 존엄성과 고귀함과 권위와 위엄도 있었다는 의미일 것입니다. 그녀를 함부로 대할 수 없게 만드는 어떤 권위가 그녀에게 있었습니다. 그래서 남편도 자녀들도 하인들도 그녀를 존경할 수 있었을 것입니다.

그 비결이 무엇이었을까요. 그것은 그녀가 참으로 여호와를 경외하는 여인이었기 때문입니다. 여호와를 경외하기에 그녀에게는 영적 권위가 있었습니다. 참으로 수천 년 전에 존재한 여성이었지만 현대를 사는 우리에게도 최고의 여성상을 보여주고 있습니다. 그렇습니다. 진정한 능력과 존귀는 하나님을 사랑하며, 하나님께 소망을 두며, 하나님 말씀을 순종하며 사는 영적 권위에서 나오는 것입니다. 여호와를 경외하는 당신에게도 그러한 능력과 존귀가 넘칠 수 있기 바랍니다.

잠언 31장의 현숙한 여인 비디 챔버스

《주님은 나의 최고봉》의 저자 오스왈드 챔버스의 아내 비디 챔버스는 정숙하고 현숙한 믿음의 여인이었다. 오스왈드 챔버스는 하나님 품으로 돌아가기 전, 아내에게 다음과 같은 쪽지를 남겼다. "다른 여인들이 즐기는 조용하고 안정된 문명을 버리고 매일 간신히 입에 풀칠하는 삶을 살면서도, 주님과 나를 향한 위대한 사랑으로 당신의 거친 삶을 완벽하고 숭고한 삶으로 승화시키는 당신을 볼 때, 나는 진심으로 머리를 조아려 하나님께 감사를 드립니다. 하나님, 이 여인을 축복하소서!"

8. 후일을 웃으며 입으로 지혜를 베풀며 허로 인애의 법을 말하며 (25-26절)

"후일을 웃으며"라는 표현은 다가올 앞날에 대해 미리 긍정적인 믿음을 가졌다는 의미입니다. 그래서 미리 기뻐하며 웃을 수 있었다는 것입니다. 히브리서 11장 1절의 "믿음은 바라는 것들의 실상이요 보이지 않는 것들의 증거"라는 말씀이 생각납니다. "내일 일을 위하여 염려하지 말라"(마태복음 6:34)는 예수님의 말씀도 생각납니다. 이 여인은 참으로 믿음의 사람이었습니다. 틀림없이 항상 남편과 자녀에게 "걱정하지 마라, 잘될 거다, 잘되게 되어 있다, 힘내라!"고 격려했을 것입니다. 그것이 믿음이기 때문입니다.

또한 그녀는 지혜로 가득 찬 여인이었습니다. 입만 열면 지혜의 말이 쏟아져 나왔습니다. 당연히 지혜로 자녀를 가르치고 지혜로 남편에게 조언했을 것입니다. 지혜로 가정과 산업을 다스렸을 것입니다.

당시 여성이라는 한계 때문에 교육을 제대로 받지 못했을 텐데 여인은 어디서 그런 지혜를 얻은 걸까요? 그것은 지혜의 근본이며 지식의 근원이신 하나님을 사랑한 까닭입니다. 여인은 틀림없이 늘 하나님 말씀을 읽고 쓰고 암송했을 것입니다. 지혜가 부족할 때는 "너희 중에 누구든지 지혜가 부족하거든 모든 사람에게 후히 주시고 꾸짖지 아니하시는 하나님께 구하라 그리하면 주시리라"(야고보서 1:5)는 말씀을 의지하고 하나님께 나아갔을 것입니다.

잠언 31장의 여인상은 너무 이상적이 아닌가?

잠언 31장의 여인은 너무 완전해 보여서 보통 평범한 여성은 차라리 포기하고 싶어진다. 율법이 선하지만 이룰 수 없다고 외치는 사도 바울과도 같다. 그러나 하나님은 우리의 연약함을 이미 아시고, 그대로 사랑하시며, 귀한 존재라고 말씀하신다. 나의 모습에 실망하시지도 않는다. 그러나 예수님의 십자가 사랑을 알았기에 나는 변화할 수 있다. 오늘도 그 사랑 때문에 한걸음씩 더욱 그리스도를 닮아갈 수 있다.

9. 자식과 남편에게 칭찬받는 여자(28-31절)

본문의 여인은 게으른 양식을 먹지 않았습니다. 부지런히 손을 움직였고, 능력과 지혜로 가정을 일궜습니다. 믿음으로 명문 가문을 만들었습니다. 부유함도 일으켰습니다. 남편을 사회적으로 성공시켰습니다. 주위의 가난한 자에게 구제를 베푸는 참된 부자의 삶을 살았습니다. 그녀의 인생은 참으로 성공적인 인생이었습니다. 가정에서 자식들이 일어나 감사했고, 남편은 자기 아내를 극찬했습니다. 성문에서도 여인은 칭찬을 받았습니다.

> ❝덕행 있는 여자가 많으나 그대는 모든 여자보다 뛰어나다 하느니라 고운 것도 거짓되고 아름다운 것도 헛되나 오직 여호와를 경외하는 여자는 칭찬을 받을 것이라❞(29-30절).

당신은 어떤 아내입니까? 어떤 어머니입니까? 가정에서는 어떤 여성으로 인정받고 있습니까? 남편에게 어떤 말을 듣고 있습니까? 자녀들은 엄마를 어떻게 평가합니까? 며느리가 있다면 시어머니인 당신을 어떻게 평가할까요? 또 사위에게는 어떤 평을 받을까요?

가족의 평가가 진정한 나의 모습일 것입니다. "우리 어머니같이 훌륭한 여성은 없다", "나의 아내같이 지혜로운 여인은 없다", "그래서 우리는 당신을 존경합니다", "당신처럼 멋있는 여성은 찾기 어렵습니다"라는 말을 듣고 싶지 않습니까? 그러기 위해서 당신이 변화되어야 할 부분이 무엇입니까? 그러한 인생을 살기 위해 오늘 어떻게 살아야 할까요?

현숙한 아내 체크리스트

① 전혀 그렇지 않다　　② 중간이다　　③ 정말 그렇다

(　) **1** 나는 부지런히 가정을 경영하는 여인입니까?

(　) **2** 나는 힘 있게 허리를 묶으며 자기의 팔을 강하게 하는 여인입니까?

(　) **3** 나는 곤고한 자에게 손을 펴며 궁핍한 자를 위하여 손을 내미는 여인입니까?

(　) **4** 나는 자기를 위하여 아름다운 이불을 지으며 세마포와 자색 옷을 입는 여인입니까?

(　) **5** 나는 남편이 사람들의 인정을 받도록 돕는 지혜로운 여인입니까?

(　) **6** 나는 능력과 존귀로 옷을 입은 여호와를 경외하는 여인입니까?

(　) **7** 나는 믿음 가운데 지혜를 베풀며 혀로 인애의 법을 말하는 여인입니까?

(　) **8** 나는 남편과 자식에게 칭찬받는 여인입니까?

⊙ **나눔**　본문에서 살펴본 현숙한 여인을 보며 나는 어떤 아내인지 스스로 평가
해 보고 내가 가장 잘하는 것과 부족한 것을 나누어 봅시다.

2. 여호와를 경외하는 여자

잠언 31장의 여인은 고대에 살던 여인이었습니다. 당시는 잘못된 제도와 문화로 인해 여자에 대한 편견과 제약이 많던 시절입니다. 그럼에도 불구하고 이 여인은 모두에게 찬사와 존경을 받는 삶을 살았습니다. 그 비결은 여호와를 경외했기 때문입니다. 오직 하나님께 소망을 둔 믿음의 여인이었기 때문입니다.

믿음이 좋다는 것은 무엇일까요? 물론 교회에서 봉사도 하고, 기도원도 가고, 선교도 해야 할 것입니다. 그러나 우리 믿음의 현주소는 가정입니다. 가정이야말로 믿음을 실천하는 장소입니다. 아무리 편견과 제약이 있어도 내가 먼저 믿음으로 살아야 합니다. 환경이 어려워도 믿음으로 살아야 합니다. 그러기 위해서는 오직 하나님만 바라보아야 합니다. "믿음의 주요 또 온전하게 하시는 이인 예수를 바라보자"(히브리서 12:2)는 말씀처럼 예수님을 바라보며 살아야 합니다. 예수님을 바라보며 살다 보면 나의 성품과 능력도 반드시 변화하게 되어 있습니다. 내가 먼저 변화된 성품과 능력으로 살다 보면, 나의 남편도 변화될 것입니다. 결국 여호와를 경외하는 당신 때문에 온 가족이 하나님의 복을 받아 누리는 삶을 살게 되는 것입니다.

🍎 **기도문**

하나님 아버지, 하나님을 경외하는 여성의
구체적인 모델을 보여 주시니 감사합니다.
저도 이처럼 아름다운 여성이 되고 싶습니다.
이제는 능력과 존귀함을 지닌 여성이 되기를 원합니다.
그래서 자녀로부터 존경받는 어머니가 되기를 원합니다.
남편으로부터 칭찬받는 아내가 되기를 소원합니다.
하나님, 나를 변화시켜 주옵소서.
영적인 지혜를 주옵소서.
주님이 주시는 지혜와 능력으로 남편을 세우고
가정을 경영하는 멋진 아내가 되게 하옵소서.
예수님의 이름으로 기도합니다. 아멘.

◆ 이번 과에서 배운 잠언 31장의 여인에게서 내가 가장 닮고 싶은 항목을 선택해 봅시다. 그리고 이번 주간 동안 그 모습을 닮기 위해 구체적으로 무엇을 실천할지 생각해 봅시다. 오른쪽의 빈 칸에 적어 보세요.

예)

○ 가정 경제를 위해 알뜰하게 살림하는 것을 연구해 본다.

○ 가난하고 소외된 자들에게 관심을 가지며 직접 돕거나 후원하는 일을 실천한다.

○ 나를 아름답게 가꾸기 위해 머리 스타일을 바꾸거나, 옷 스타일을 바꾸어 본다.

○ 매일 말씀을 읽으며 하나님을 경외하는 훈련을 한다.

○ 남편이 세상에서 존경받는 사람이 되기 위해 집에서도 존경을 보여 준다.

7과

사랑

사랑 안에서
배우며 성장하라

Grace-full Wives

요즘 어디를 가나 사랑 타령입니다. 드라마에도 영화에도 유행가 가사에도 사랑이라는 단어가 넘쳐납니다. 그러나 현실로 돌아와서 보면 그토록 찬미하던 사랑은 찾기 어렵습니다. 한때 사랑하던 부부가 더 이상 사랑하지 않는다고 헤어지더니 다른 대상을 향해 사랑한다고 고백합니다.

과연 사랑이란 무엇일까요? 사랑은 감정의 격동이 아닙니다. 두근두근 심장이 뛰는 것이 사랑이 아닙니다. 사랑에 푹 빠졌다는 것도 참사랑이 아닙니다. 육체적 욕정은 더더욱 사랑이 아닙니다. 그렇다면 진정한 사랑은 무엇일까요?

사실 사랑은 대상의 문제가 아니라 주체의 문제입니다. 즉 당신이 사랑스러워서 사랑한다는 것은 틀린 말입니다. 당신이 사랑스럽지 않아서 사랑할 수 없다는 것도 틀린 말입니다. 사랑은 나의 성품이고 인격이고 능력이기 때문입니다. 내가 사랑의 능력이 있으면 어떤 사람이라도 끝까지 사랑할 수 있으며, 내가 사랑의 성품과 능력이 없으면 어느 누구도 사랑할 수 없습니다. 그래서 사랑은 상대방의 조건과 상관이 없습니다. 사랑은 상대방의 자격이나 외모나 조건에 따라 흔들리지 않습니다.

“ 우리가 아직 연약할 때에 기약대로 그리스도께서 경건하지 않은 자를 위하여 죽으셨도다 의인을 위하여 죽는 자가 쉽지 않고 선인을 위하여 용감히 죽는 자가 혹 있거니와 우리가 아직 죄인 되었을 때에 그리스도께서 우리를 위하여 죽으심으로 하나님께서 우리에 대한 자기의 사랑을 확증하셨느니라 ” (로마서 5:6-8).

위의 말씀을 묵상해 보십시오. 우리가 아직 연약하고 경건하지도 않고 여전히 죄인이었을 때부터 하나님은 벌써 당신을 사랑하셨다는 것입니다. 이 말씀은 모든 종교를 초월하는 놀라운 내용입니다. 모든 종교는 착해야 하고, 선을 쌓으며, 고행하고 노력해야 하는 자기수양에 근거합니다. 그래서 복과 극락도 자기의 노력으로 얻어내야 하는 것입니다. 그러나 살아계신 하나님은 우리의 노력과 조건과 자격에 상관없이 우리를 살리시고 사랑하셨습니다. 그것이 바로 진정한 사랑, 즉 조건 없는 사랑(unconditional love)입니다. 부부간의 사랑도 바로 조건 없는 사랑이어야 합니다. 즉 당신이 사랑받을 자격이 있든 없든 끝까지 사랑한다는 언약이며 결단의 사랑입니다. 부부간의 사랑을 영원하게 하는 것은 조건 없는 사랑, 은혜의 사랑, 하나님의 사랑인 것입니다.

1. 사랑이란 무엇인가

사랑은 저절로 생기는 것이 아닙니다. 사랑은 노력해야 합니다. 사랑은 훈련이기도 합니다. 또한 사랑은 결단이며 헌신(commitment)입니다. 즉 이제부터 사랑하기로 작정하는 것입니다. 혹시 기억하고 계십니까? 우리는 모두 결혼식에서 다음과 같이 서약하였고 서약문에 "예"라고 답변했습니다.

"기쁠 때나 슬플 때나, 건강할 때나 병들었을 때나, 부유할 때나 가난할 때에도 배우자를 끝까지 사랑하겠습니다."

이것이 바로 참사랑의 내용입니다. 어떠한 일이 있어도 끝까지 사랑하겠다는 결단, 그것이 결혼서약입니다. 사실 서약은 신랑 신부 두 사람 사이에 이루어진 것이 아니라, 위에 계신 하나님께 서약을 올려 드린 것입니다. 옆에 있는 배우자를 끝까지 사랑하겠다고 하나님께 서원을 드린 것과도 같습니다. 그래서 하나님과의 약속을 쉽게 저버리면 안 됩니다. 그런데 부부의 사랑을 잘 지켜나가려면, 몇 가지의 필수적이고 선행적인 마음가짐이 필요합니다.

1. 남편을 향한 환상 내려놓기

아내는 결혼하면서 남편이 나를 영원히 사랑해 줄 것으로 기대합니다. 남편이 나의 든든한 보호자가 되어 안정감과 행복을 가져다줄 것이라 믿습니다. 더 이상 외롭지 않을 것이고, 쓸쓸하지도 않을 것이라 생각합니다. 그러나 결혼하니 현실은 어떻습니까? 당신의 결혼생활은 당신이 꿈꾸던 모든 기대를 충족해 주던가요? 아니라면 혹시 기대와 환상이 변하여 실망과 공허감으로 남아 있지는 않은가요?

결혼하면 철학자가 되어야 하는 모양입니다. 인간에 대한 이해도 빨리 깨달을수록 좋습니다. 결혼은 천사와 천사가 만난 것이 아닙니다. 우리는 동화 속 신데렐라와 왕자가 아닙니다. 행복한 결혼을 시작하려면 배우자에 대한 기대치를 낮추어야 합니다.

남편은 어떤 사람입니까? 지극히 인간적인 사람, 현실 속에 존재하는 평범한 사람일 뿐입니다. 약점도 있고, 과거의 상처도 있고, 나쁜 습관도 있고, 쉽게 화도 내는 사람일 뿐입니다. 끝없이 아내를 배려하고, 자신을 희생하고, 이타적이고, 책임감이 강하고, 좋은 습관만 가진 그런 남자는 거의 없습니다. 완전한 인격을 가진 사람은 없습니다.

성경은 "의인은 없나니 하나도 없으며"(로마서 3:10)라고 합니다. 하나님 앞에서 완전한 의인은 없습니다. 아무리 훌륭한 인격자로 보이는 사람도 막상 함께 살아 보면 자기중심성과 이기심이 드러나고 나쁜 습관이 눈에 거슬리게 마련입니다.

따라서 배우자를 향한 기대치를 처음부터 낮추십시오. 그러면 실망감도 훨씬 덜할 것입니다. 나에게 못해 주면 '당연하다'고 생각하십시오. 그래도 계속 잘해 주면 '이상하다'고 생각하십시오. 처음부터 기대치를 낮추고 시작하십시오. 아예 기대하지 않되 사랑하십시오. 내가 먼저 사랑을 실천해 보십시오.

"그것이 말처럼 쉬운가요?" 합니까? 네, 어렵습니다. 그러나 사랑이 무엇인지를 알고 나면 때로 도저히 사랑하기 힘든 남편을 사랑하는 일이 가능하다는 것을 알게 됩니다. 사랑은 배워나가는 훈련이기 때문입니다. 누구로부터 배우시겠습니까? 자격이라고는 도무지 없었던 나를 끝까지 사랑해 주신 예수님으로부터 배울 수 있는 것입니다.

2. 사랑의 감정적 요소

"그래도 사랑에는 감정이 필요한 것 아닌가요?" 물론입니다. 사랑에는 감정적 요소, 우정적 요소, 의지적 요소 모두가 필요합니다. 감정적 사랑도 없어서는 안 되는 중요한 요소입니다. 감정적 요소는 부부간의 사랑을 낭만적으로 만들어 줍니다. 그런데 세 요소 중에서 제일 쉽게 만들어 낼 수 있는 것이 감정적 사랑입니다. 조금만 노력하면 감정은 개발할 수 있기 때문입니다.

집에만 있지 말고 분위기 좋은 곳으로 가 보십시오. 낙엽이 쌓인 길, 꽃들이 화려하게 피어 있는 공원, 확 트인 바닷가, 음악이 흐르는 카페 같은 곳에서 데이트해 보십시오. 아이들을 다른 사람에게 맡기고 단 둘이 영화도 보고 외식도 해 보십시오. 이때는 절대로 그동안 쌓였던 미움이나 갈등 같은 심각한 이야기는 꺼내지 마십시오. 그저 함께하는 시간을 즐기십시오. 같이 많이 웃어 보십시오. 또 집에서도 침실을 아늑하게 꾸며 보십시오. 예쁜 꽃도 놓아 향기 나는 방으로 연출해 보십시오. 그러면 어렵지 않게 사랑의 감정을 연출할 수 있게 됩니다. 감정적 사랑은 조성될 수 있습니다. 감정적 사랑만 강조하는 것도 문제지만 사랑의 감정적 요소를 무시하거나 소홀히 여겨서도 안 됩니다. 부부간의 낭만적 사랑, 감정적 사랑, 열정적 사랑도 늘 가꾸어 나가는 부부가 되시기 바랍니다.

3. 사랑은 이해(understanding)로부터 시작된다

에리히 프롬은 그의 저서 《사랑의 기술》에서 사랑의 요소를 보살핌(care), 책임감(responsibility), 존중(respect) 그리고 지식 (knowledge)이라고 설명했습니다. 베드로전서 3장 7절에서도 "지식을 따라" 귀히 여기며 사랑하라는 내용이 있습니다. 진정한 사랑은 알고 이해하는 지식에 근거한다는 뜻입니다. 상대방을 잘 알아야 사랑할 수 있다는 것이지요. 상대방을 잘 알지도 못한 채 무작정 사랑하는 것을 눈먼 사랑(blind love)이라고 말합니다.

누구를 진정 사랑하려면 그 사람이 어떠한 사람인지, 무엇이 필요한지, 무엇이 유익한지, 무엇을 진정 원하는지를 알아야 합니다. 상대방을 진정 알아야 제대로 사랑할 수 있다는 것입니다. 당신은 남편을 잘 알고 있습니까? 남편의 욕구를 이해하고 있습니까? 그의 두려움을 알고 있습니까? 그의 연약한 면과 과거의 상처도 알고 있습니까? 남편을 더 이해하고 알기 위해 노력하고 있습니까? 사랑은 상대방에 대한 지식과 이해로 시작된다는 것을 기억하십시오.

남녀 차이

우선 남녀 차이를 통해 남편의 욕구가 무엇인지를 이해해 보겠습니다. 물론 개인차가 있겠지만, 남자와 여자는 생리적으로도 많이 다릅니다. 남편과 나는 다르다는 것을 인정하십시오. 일반적으로 남편은 아내에게서 다음과 같은 것을 원하고 있습니다. 사람마다 순서는 조금씩 다를지라도 원하는 것들은 대동소이합니다.

① 성적인 만족을 주는 아내
② 여가 상대가 되어 주는 친구 같은 아내
③ 자신을 매력적으로 가꾸는 아내
④ 집안 살림을 유능하게 경영하는 아내
⑤ 남편을 존경하고 칭찬해 주는 아내
⑥ 불평과 원망이 없는 아내

🕐 **나눔** 당신은 위의 내용 중에서 어떤 것들을 남편에게 주고 있습니까? 또 어떤 것들을 채워 주지 못하고 있습니까? 간단히 한 가지씩 말해 보십시오.

성격 차이

남편을 사랑하기 위해서는 남편의 성격을 알고 이해하는 것이 중요합니다. 사람의 특성은 기질적인 것이기 때문에 바꾸려 하지 말고 이해하고 수용해야 합니다. 상대방을 내가 원하는 방향으로 바꾸려 하지 않고 있는 그대로 인정하는 것, 이것이 사랑의 시작입니다. 다음의 세 가지 성격 유형 척도를 통해 남편의 특성을 이해할 수 있기 바랍니다. 남편의 기질에 대해 못마땅해하지 말고 그대로 용납하고 사랑하기 바랍니다.

▶ 외향성인가 vs. 내향성인가
(에너지의 방향과 주의의 초점이 어디에 있는가?)

외향형(Extrovert)의 사람은 에너지가 많아 보입니다. 활동적이며 사교적입니다. 자기의 내면을 쉽게 드러내며, 말을 거침없이 하는 경향이 있습니다. 사람의 얼굴을 잘 기억하고, 사람 만나는 것을 좋아하며, 만나자마자 친해집니다. 한 사람과 깊이 사귀기보다는 많은 사람과 폭넓게 교제합니다. 이런 사람은 신중하지 않다는 인상을 줄 수 있습니다.

내향형(Introvert)의 사람은 에너지가 쉽게 소모됩니다. 그래서 사람을 한참 만나다 보면 에너지가 고갈되어 혼자 있는 시간과 공간이 필요합니다. 그래서 밖에 있다가도 빨리 집에 들어가고 싶어 합니다. 때로는 비사교적이라는 소리를 듣습니다. 또한 내면세계를 좋아하고 감정 표현도 억제하는 편입니다. 사람을 쉽게 사귀지는 않지만, 친한 사람과는 깊게 대화를 나눕니다. 이런 사람은 좀 소심하고 답답하고 이해하기 어려운 사람으로 여겨질 수 있습니다.

▶ 감각형인가 vs. 직관형인가

(무엇을 어떻게 이해하고 인식하는가?)

감각형(Sensing)의 사람은 정보를 수집할 때 오감을 활용하여 처리하고 추론합니다. 따라서 사실적이고 객관적이며 현실적이고 정확합니다. 어떤 사실을 이해할 때도 처음부터 차근차근 순서에 따라 세부 사항을 관찰하고 설명하려 합니다. 세부적인 지침을 좋아하고 잘 따릅니다. 새로운 통찰이나 미래지향적인 생각보다는 현재의 사실에 관심이 많습니다. 이런 사람은 지나치게 세밀하고 별로 중요하지 않은 것에 신경 쓰고 있다고 오해받을 수 있습니다.

직관형(Intuition)의 사람은 육감을 통해 정보를 인식하고 취합니다. 그래서 직관에 의해 전체적으로 정보를 처리합니다. 추상적이며 주관적이고 종합적이기에, 때로는 비현실적으로 보이기도 합니다. 세밀한 정보를 구하지 않고도 육감과 직관으로 판단을 잘 내립니다. "좋다", "의미가 있다", "왠지 될 것 같다" 등의 표현을 잘 사용하는데, 근거를 물어보면 "그냥 그런 것 같다"고 대답합니다. 이런 사람은 때로 지나친 이상주의자로 보일 수 있습니다.

▶ 사고형인가 vs. 감성형인가

(결정과 판단을 할 때 사고 또는 감정 중 어느 것을 사용하는가?)

사고형(Thinking)의 사람은 논리적인 사고의 소유자입니다. 어떤 사건이 발생하면 원리와 원칙을 생각하며 객관적으로 일을 처리합니다. 정의, 공평, 이성, 법, 질서 등을 중요하게 생각합니다. 감정보다는 머리를 먼저 사용하여 정확하게 결정합니다. 어려운 일이 닥쳐도 쉽게 평정과 냉정함을 잃지 않습니다. 때로는 냉정하다고 오해받을 수 있습니다.

감성형(Feeling)의 사람은 마음이라는 척도로 의사결정을 합니다. 어떤 사건이 발생하면, 연루된 사람의 마음이 행여나 상하지 않았을까 하며 관계에 신경을 씁니다. 그래서 조화와 일치가 이루어지지 않으면 무척 괴로워합니다. 측은지심으로 약자의 편을 들기 때문에 불필요한 일에 연루되기도 합니다. 업무를 진행할 때도 때로는 우유부단하고, 원칙을 지키는 것이 약하다고 오해받을 수 있습니다.

🕐 **나눔** 나의 남편은 어떤 유형이며, 그러한 성품으로 인한 남편의 장점은 무엇인지 나누어 보세요.

남편의 성장 배경과 상처

남편을 이해하기 위해서는 남편의 성장 배경을 알아야 합니다. 어떠한 부모 밑에서 성장했는가, 가정환경이 어떠했는가, 형제 간에 차별은 없었는가, 어린 시절 충격적인 사건을 경험한 적은 없는가 등을 아는 것이 필요합니다. 부모가 이혼했는지, 아버지가 어머니를 학대하거나 유기하지는 않았는지, 어머니가 아버지를 무시하지는 않았는지, 부모 중 한 분이 일찍 돌아가시지는 않았는지, 특별히 가난했는지, 아버지한테 폭행을 당하지 않았는지, 어머니가 불같이 화를 내는 분은 아니었는지에 대해 이해할 필요가 있습니다.

이렇게 이해하고 나면 남편을 사랑하는 것이 훨씬 쉬워집니다. '아, 그래서 남편이 그렇게 예민한 거였구나, 사랑 표현에 서툴구나, 돈에 집착하는구나, 칭찬과 인정에 그토록 목마른 거구나, 미래에 대한 염려와 두려움이 그렇게 컸구나, 그래서 유난히 어머니를 보호하려 했구나' 하고 이해하게 되고 사랑하게 됩니다.

사랑은 대상의 상처를 치유합니다. 남편의 과거를 이해하고 나면 상처를 보듬고 수용하게 됩니다. 그의 상처가 치유될 수 있도록 도와주고 싶습니다. 그리고 치유를 위한 표현을 하게 됩니다.

"당신은 소중한 존재입니다", "여보, 훌륭해요", "여보, 아무 걱정하지 마세요. 내가 기도하고 있으니 잘될 거예요", "당신 때문에 행복합니다."

사람은 누구나 인정받고 칭찬받으면 변화하고 치유됩니다. 변화되고 치유된 남편은 당신에게 이렇게 말할 것입니다.

"나는 과거의 불행과 상처 때문에 힘든 사람이었는데, 당신 때문에 상처가 치유되었어요."

가장 감동적인 고백은 "여보, 당신의 인내와 사랑 때문에 내가 예수님의 사랑을 알게 되었어요. 나의 영혼이 구원받았어요"입니다.

예수님을 만나면 상처도 치유될 수 있습니다. 그래서 남편에게 줄 수 있는 가장 큰 사랑은 예수님을 전하는 것입니다. 남편의 영혼 구원을 위해 끝까지 인내하며 기도하는 아내가 될 수 있기를 바랍니다.

🕐 **나눔** 나의 남편이 자라 온 가정환경을 이해했습니까? 남편의 예민한 부분과 상처가 무엇인지 이해한 부분을 나누어 보세요.

2. 사랑의 성품

고린도전서 13장 4-7절 말씀에 나타난 사랑의 속성을 묵상해 보겠습니다. 모두 하나님 아버지의 사랑의 성품입니다.

> 66 사랑은 오래 참고 사랑은 온유하며 시기하지 아니하며 사
> 랑은 자랑하지 아니하며 교만하지 아니하며 무례히 행하지
> 아니하며 자기의 유익을 구하지 아니하며 성내지 아니하며
> 악한 것을 생각하지 아니하며 불의를 기뻐하지 아니하며
> 진리와 함께 기뻐하고 모든 것을 참으며 모든 것을 믿으며
> 모든 것을 바라며 모든 것을 견디느니라. 99

그렇습니다. 사랑의 성품은 오래 참는 것입니다. 상대방을 오래 참아 주는 것이 사랑이라는 의미입니다. 또한 사랑은 온유함, 즉 친절함(kindness)입니다. 친절한 성품이 사랑인 것입니다. 그리고 사랑은 상대방, 즉 남편에게 함부로 무례하게 대하지 않는 것(not rude)입니다. 또한 사랑은 자기의 유익을 구하지 않는(not self-seeking) 태도, 즉 이타심의 성품을 뜻합니다. 그리고 상대방, 즉 남편이 진리로 살아갈 때 기뻐하는 것이며, 불의하게 살아갈 때 기뻐하지 않는 것이 진정한 사랑입니다. 남편이 불의하게 사업을 하거나, 불한 삶을 살 때는 기뻐할 수 없는 것이 사랑입니다. 그래서 남편을 사랑한다면 진리로 살아갈 때까지 참으며 믿으며 바라며 견디며 기도하는 것이 참사랑입니다.

특히 "악한 것을 생각하지 아니하며"(5절)는 'no record of wrongs', 즉 잘못한 것들을 모아 놓거나 기록해 놓지 않는다는 뜻입니다. 얼마나 은혜가 되는 말씀입니까? 우리는 자신이 저지른 과거의 실수와 실패들 때문에 수치스러워하고 후회하며 살아갈 때가 많습니다. 그런데 사랑의 하나님은 우리의 잘못들을 기억조차 않으십니다. 그러므로 남편이 저지른 과거의 잘못, 실수, 실패, 약점들을 기억하고 또 기억하는 것은 사랑이 아닙니다. 사랑은 사랑하는 사람을 과거에 묶어 두지 않고, 치유와 회복과 성장과 미래를 향해 나아가도록 돕는 것입니다. 그것이 참사랑이며, 하나님으로부터 배우는 사랑입니다. 하나님의 놀라운 사랑을 남편에게 전달하는 멋진 아내가 되기 바랍니다.

🍎 기도문

하나님 아버지, 나에게 사랑의 은사를 부어 주옵소서.
사랑의 능력을 갖게 하옵소서.
그래서 남편을 이해하며 사랑하게 하옵소서.
때로는 사랑하기 어려워도
예수님의 사랑으로 사랑하게 하옵소서.
사랑은 오래 참고 바라고 믿고 견딘다고 하였사오니,
사랑의 인내로 남편을 회복시키고 성장시키게 하옵소서.
그래서 나의 사랑의 수고 때문에
남편이 예수님의 사랑을 만나게 하옵소서.
예수님의 이름으로 간절히 기도합니다. 아멘.

◆ 이번 주간에는 고린도전서 13장 말씀을 다시 묵상하면서 남편에게 어떻게 사랑을 실천할 것인지 다음 항목 중에서 선택하여 보십시오. 그리고 실천해 보십시오.

> 66 사랑은 오래 참고 사랑은 온유하며 시기하지 아니하며 사랑은 자랑하지 아니하며 교만하지 아니하며 무례히 행하지 아니하며 자기의 유익을 구하지 아니하며 성내지 아니하며 악한 것을 생각하지 아니하며 불의를 기뻐하지 아니하며 진리와 함께 기뻐하고 모든 것을 참으며 모든 것을 믿으며 모든 것을 바라며 모든 것을 견디느니라 99 (고린도전서 13:4-7).

예)

○ 하나님의 사랑으로 남편에게 오래 참으며 인내를 전달하겠습니다.

○ 하나님의 사랑으로 남편에게 교만한 태도를 보이지 않겠습니다.

○ 하나님의 사랑으로 남편을 친절하게 대하겠습니다.

○ 하나님의 사랑으로 남편의 잘못, 실수, 단점을 지적하거나 비난하지 않겠습니다.

○ 하나님의 사랑으로 남편에게 무례하게 행하지 않겠습니다.

○ 하나님의 사랑으로 남편이 변할 모습을 믿으며 바라며 견디며 기도하겠습니다.

8과

부부 친밀감

남편과 아내의 거리는
0m여야 한다

Grace-full Wives

성경에서는 결혼을 "남자가 부모를 떠나 그의 아내와 합하여 둘이 한 몸을 이루는 것"(창세기 2:24, 마태복음 19:5)이라고 정의하고 있습니다. 남자도 부모를 떠나고, 여자도 부모를 떠나는 것입니다. 부모를 떠난다는 것은 부모를 돌보지 않거나 불효하는 것을 의미하는 것이 결코 아닙니다. 그러나 이제 성인으로서 부모로부터 정신적, 물질적, 장소적, 영적으로 독립하는 것을 의미합니다. 물론 독립이 쉽지는 않습니다. 부모에게서 독립하여 둘이 한 몸을 이루는 것은 일련의 과정이기 때문입니다. 과정이란 시간이 소요된다는 뜻입니다. 급하게 서두르거나 재촉해서는 안 됩니다. 한 몸을 이루기까지 서로 기다려 주는 자세가 필요합니다.

한 몸을 이룬다(become one flesh)는 것은, 부부는 뗄 수 없다는 의미입니다. 예수님은 결혼을 "그런즉 이제 둘이 아니요 한 몸이니 그러므로 하나님이 짝지어 주신 것을 사람이 나누지 못할지니라"(마태복음 19:6)라고 선언하셨습니다. 아무리 요즘 이혼이 흔하지만, 원래 부부는 한 몸이기에 나눌 수 없어야 합니다. 강력한 접착제로 붙인 것과 같습니다. 그기에 이혼은 많은 상처를 남기게 됩니다. 가정의 상처, 마음의 상처, 자녀의 상처, 인생의 상처를 남기는 것이 이혼입니다. 따라서 부부는 결혼 초부터 '하나됨'을 지키기 위한 전략적 노력이 필요한 것입니다.

> " 우리를 위하여 여우 곧 포도원을 허는 작은 여우를 잡으라 " (아가 2:15).

사탄은 부부의 포도원을 공격하고 있습니다. 작은 여우를 잡아야 합니다. 틈이 작을 때 메워야 합니다. 틈이 너무 커지면 다시 복구하기가 어렵습니다. 어느 부부도 안전 100퍼센트는 없습니다. 이를 위해서 전략적으로 부부 친밀감의 요소를 이해하고, 미리 세워나갈 수 있기 바랍니다.

1. 친밀감의 요소

1. 관계의 우선순위

친밀감(intimacy)이란 가장 친하고, 잘 알고, 따스하고, 자발적이고, 인격적으로 가까운 사이라는 느낌을 의미합니다. 모든 인간관계에는 정도의 차이가 있지만 거리감이 있습니다. 즉 관계의 성격에 따라 적절한 거리의 수준이 있다는 것입니다. 이웃과의 거리감, 친척과의 거리감, 친구와의 거리감, 부모-자녀간의 거리감 그리고 남편-아내간의 거리감이 있습니다. 그 중에서 가장 가까운 거리는 남편과 아내 사이여야 합니다. 부모-자녀 사이보다 남편-아내 사이가 가장 가까워야 한다는 것을 명심해야 합니다. 부모와의 관계보다, 자녀와의 관계보다, 친구와의 관계보다 이제는 남편과의 관계를 돈독하게 하기 위해 부부 친밀감에 최우선 순위를 두어야 하는 것입니다.

2. 시간 같이 보내기

부부는 베스트 프렌드처럼 가장 가까운 친구 사이가 되어야 합니다. 그래서 자주 만나서 함께 시간을 보내야 합니다. 아무리 바빠도, 할 일이 많아도 일부러 시간을 만들어서 함께 놀아야 친해질 수 있습니다. 그래서 직장 때문에, 혹은 자녀교육 때문에 부부가 오래 떨어져 지내는 것은 바람직하지 않습니다. 교회나 사역 때문에 부부가 헤어져 지내는 것도 좋은 일이 아닙니다. 혹시 어쩔 수 없이 남편과 많은 시간 떨어져 지내고 있다면 사탄이 틈 탈 수 있음에 경계해야 합니다. 사람은 멀리 있으면 마음도 멀어지기 때문입니다. 남편의 마음만 멀어지는 것이 아니라, 당신의 마음도 멀어집니다.

만일 남편이 나와 같이 있는 것을 좋아하고 요구한다면, 그것은 아주 좋은 신호입니다. 남편의 요청을 거절하거나 소홀히 여기면 안 됩니다. 어찌하든지 함께 있도록 노력해야 합니다. 함께 있는 시간을 즐거워해야 합니다. 반대로 요즘 남편이 나와 함께 있는 것보다 밖으로 돌거나, 다른 사람과 시간을 더 보내려 한다면 그것은 벌써 적신호입니다. 지금이라도 '시간 같이 보내기' 작전과 노력을 기울여야 합니다.

일부러라도 데이트하십시오. 산책도 하고, 영화도 같이 보고, 등산도 가십시오. 예쁜 찻집에 마주 앉아 시간을 보내십시오. 중요한 것은 부부 데이트 시간에 심각한 집안 이야기, 자녀 이야기, 시댁 이야기를 하지 않는 것입니다. 충고나 잔소리도 하지 말아야 합니다. 그냥 친구처럼 수다를 떨면서 즐거운 시간을 가지십시오. 그냥 같이 시간을 보내는 것 자체가 중요합니다. 충분히 친해져야 후에 중요한 이야기도 통할 수 있게 됩니다. 이렇게 할 때 당신의 결혼은 더욱 견고해질 것입니다.

3. 용납 친밀감

사람은 누구나 자기를 조건 없이 용납(unconditional acceptance)해 주는 사람과 가까워지게 마련입니다. 나를 있는 그대로 용납하고 인정해 주는 사람에게는 마음을 활짝 열게 되어 있습니다. 물론 나에게는 부족함도 있고, 고칠 점도 많이 있습니다. 그럼에도 불구하고 배우자가 내 모습 그대로 용납해 준다면 상대 배우자에게 속마음도 털어 놓으며 친밀감을 갖게 될 것입니다.

반대로 나를 지적하고 비판하며 고치려는 사람 앞에서는 마음 문을 닫게 마련입니다. 우리는 쉽게 배우자를 내가 원하는 방향으로 고치려는 경향이 있습니다. 특히 남편에 대해 항상 못마땅해 하는 아내가 많습니다. 끊임없이 남편이 바뀌기를 원하는 아내가 상당히 많이 있습니다. 사실은 자기 눈에 있는 들보는 보지 못하고 남편 눈에 있는 티끌만을 주목하고 있는 셈입니다.

당신은 아내로서 남편을 용납합니까? 조건 없이 용납합니까? 남편의 부족한 면에 대해서도 자유하며 용납하는 편입니까? 아니라면 남편에 대해 늘 못마땅한 표정을 지으며, 늘 지적하고 있지는 않습니까? 그렇게 되면 남편은 오히려 아내를 피하게 되어 친밀감이 떨어지게 됩니다. 아내 앞에서 늘 자신의 모자라는 모습이 드러나는 것 같아서 도망가고 싶은 마음이 들기 때문입니다. 지적과 비난으로는 남편을 고칠 수도 없을 뿐 아니라, 부부 친밀감은 점점 멀어지고 말 것입니다.

4. 시댁과의 관계에서 남편을 끼워 넣지 않기

부부 친밀감을 저해하는 가장 큰 요인 중 하나가 시부모 또는 시댁과의 갈등입니다. 특히 남편이 부모와 밀착되어 있거나, 부모에게 각별히 잘하면 더 그렇습니다. 여기에 시어머니가 며느리를 못마땅해 하면 부부간에 갈등이 더 심각해집니다. 그러나 이런 때일수록 아내는 지혜롭고 영리하게 처신해야 합니다.

중요한 것은 시어머니와 아내 사이에 남편을 끼워 넣지 않는 것입니다. 삼각관계를 만들면 안 됩니다. 남편 앞에서 시어머니를 헐뜯거나 나쁘게 말하는 것은 아주 어리석은 짓입니다. 그러면 나만 손해를 보게 됩니다. 남편은 이미 오랫동안 시어머니의 보살핌을 받고 자란 사람입니다. 내 감정이 싫든 좋든 간에 남편을 낳고 길러 주신 부모님입니다. 남편 역시 자기 부모의 단점을 잘 압니다. 그럼에도 부모는 부모인 것입니다. 그런데 아내가 자신의 가족에 대해 계속 지적하고 불평하면 남편은 어쩔 수 없이 아내를 피하게 됩니다. 아내의 말이 지당하고 옳아도 자신의 부모를 나쁘게 말하면 누구나 싫습니다.

따라서 남편 앞에서 시부모님에 대해 불평하고, 탓하고, 비판하지 마십시오. 더욱이 남편을 중간에 끼워 넣지 마십시오. 모든 불평을 일단 멈추십시오. 다만 아내가 할 일은 남편과 친밀해지는 것입니다. 부부가 가장 친밀한 관계를 이루게 되면, 남편은 자연스레 부모에게서 독립하게 되어 있습니다. 시간이 좀 걸리겠지만 기다리십시오. 먼저 남편과의 친밀감을 구축하는 것이 지혜로운 전략임을 잊지 마십시오.

시월드 스트레스를 어떻게 할까?

세상 사람들은 누군가에게 속마음을 털어 놓으며 상대방에 대해 실컷 욕을 하면 스트레스를 풀 수 있다고 조언하지만, 크리스천인 우리는 고난에 대한 시각을 바꾸어야 한다. 영적인 눈으로 사건을 해석하라. 하나님이 허락하지 않은 상황은 없다. 어려운 시댁 가족이 있다면 나를 더 크게 쓰시기 위한 훈련으로 해석하라. 다음 말씀을 기억하라. "그러나 내가 가는 길을 그가 아시나니 그가 나를 단련하신 후에는 내가 순금 같이 되어 나오리라"(욥기 23:10).

5. 취미 친밀감

사람은 아무래도 같은 취미를 가진 사람과 가까워지게 마련입니다. 부부의 취미와 관심사가 비슷하다면 부부 친밀감은 더욱 돈독해질 것입니다. 그런 의미에서 취미와 관심의 영역이 유사한 사람끼리 만나는 것이 더 쉽고 좋을 것입니다. 그러나 실제로 대부분의 부부는 서로의 취미와 관심사가 상당히 다른 것이 현실입니다. 남편은 중국 무협 드라마를 좋아하고, 아내는 순정 드라마를 좋아합니다. 남편은 게임을 좋아하는데, 아내는 게임을 싫어합니다. 남편은 운동경기에 관심이 있지만, 아내는 도무지 재미가 없습니다. 주말이나 휴가를 어떻게 보내는가에 대해서도 서로 취향이 달라서 갈등이 되기도 합니다.

지혜로운 아내라면 남편의 취미에 대해 관심을 기울여 주어야 합니다. 특히 "뭘 유치하게 그런 것을 좋아하느냐?"라는 식으로 남편의 취미를 무시하거나 빈축하는 태도는 금물입니다. 사람은 누구나 자신이 좋아하는 것을 중요하게 생각합니다. 열린 마음으로 남편의 취미에 동참하는 태도를 보여야 합니다. 유치한 게임도 함께 즐겨 보십시오. 그래야 친해질 수 있기 때문입니다. 친해야 전도도 할 수 있고, 영향력을 끼칠 수도 있습니다. 그렇게 살다 보면 서로 긍정적인 영향을 받아서, 취향도 유사하게 가질 수 있습니다. 특히 남편은 아내의 영향을 더 많이 받게 되어 있다는 것을 잊지 마십시오. 남편과의 취미 친밀감도 가꾸어 가는 지혜로운 아내가 될 수 있기를 바랍니다.

6. 신앙과 가치관 친밀감

가치관(values)이란 사람의 내면세계를 지배하는 제반 가치의 총체이며, 중심적 생각이며, 모든 내적 기준으로 작동하고 있는 것입니다. 가치관은 상당히 문화적이고 인습적인 것이어서 무의식중에 가족 또는 주위의 영향을 받아 형성된 견고한 진과도 같습니다. 돈, 시간, 성과 순결, 여성관과 남성관, 선과 악, 심지어는 정치적 관점 등의 모든 영역에서 판단 기준이 되는 것입니다. 그러한 가치관들은 자신이 믿고 있는 종교나 신앙과 깊은 연관이 있기 때문에, 신앙이 다를 경우 부부간의 갈등이 발생할 수밖에 없습니다.

많은 부부가 서로 사랑해서 결혼했지만, 결혼 후에는 생각과 가치관이 달라서 멀어지는 것을 보게 됩니다. "생각이 달라도 너무 다르다"고 힘들어하기도 합니다. 그래서 같은 믿음과 신앙을 가진 사람끼리 결혼해야 한다는 것이지요. "두 사람이 뜻이 같지 않은데 어찌 동행하겠으며"(아모스 3:3)라는 말씀처럼 두 사람의 뜻이 서로 다르다면 부부가 의합하기 어려운 것입니다. 그러나 이미 결혼을 했으니, 이제부터 지혜로운 전략이 필요합니다. 우선 남편의 가치관을 깎아내리지 마십시오. 나의 가치관만 옳다는 태도는 버려야 합니다. 마음을 열고 "당신의 생각이 그렇구나. 그렇게 생각할 수도 있겠네요"라고 일단 잘 들어만 주십시오. 너무 급하게 이견 때문에 싸울 필요는 없습니다. 서서히 우리 가정의 가치관을 공유해 가는 노력과 그에 따르는 시간이 필요합니다.

가끔 신앙심이 깊다는 아내 중에 아주 독단적인 사람이 있습니다. 신앙이라는 이름으로 다른 사람의 의견에 대해 폐쇄적인 태도를 취하기도 합니다. 그것은 매우 비효과적인 전략입니다. 가치관이 다른 남편에게도 개방적인 태도를 유지하며, 열린 대화를 하도록 노력해야 합니다. 그의 의견에 대해서도 진심으로 경청하고 존중해 준다면, 남편도 차츰 아내의 의견에 대해 마음이 열리게 될 것입니다. 그러다 보면 결국 남편은 아내의 영향을 받게 되어 있습니다. 특히 삶으로 감동과 영향을 끼친다면, 남편은 더 빨리 아내의 신앙과 가치관을 존중하게 될 것입니다.

무엇보다도 필요한 것은 남편의 신앙 성장을 위해 기도를 쉬지 않아야 하는 것입니다. 남편이 예수님을 만날 수 있도록 기도하십시오. 그리고 선한 영향을 끼치십시오. 그리고 먼저 내가 좋은 책들을 많이 읽으며 성장하십시오. 그리고 분위기 좋을 때 책을 읽고 감동받은 것을 그냥 이야기하십시오. 남편을 바꾸려는 의도가 아니라, 내가 감동받은 것을 나누십시오. 할 수만 있다면 부부가 함께 좋은 책을 읽거나, 좋은 성경공부를 수강할 수 있는 기회를 찾아보십시오. 교회에서 남편이 잘 어울릴 수 있을 만한 사람들, 공동체, 그룹이나 셀을 찾아서 합류해 보십시오. 그러다 보면 서서히 남편의 가치관도 변화될 것입니다. 부부가 함께 성경적 가치관을 공유할 때 부부의 친밀감은 더욱 든든해질 것입니다. 그날에는 부부가 진정 하나됨을 이룰 수 있는 것입니다. 그때까지 가장 중요한 것은 내가 진실한 신앙인의 삶으로 살아가는 것입니다.

7. 웃음과 유머 친밀감

친밀감이란 원래 웃음과 유머 속에서 증진됩니다. 웃음과 즐거움은 진정한 친밀감을 불어넣는 활력소입니다. 유머와 웃음은 서로를 가깝게 합니다. 같이 즐겁게 한바탕 웃고 나면, 어느새 서로 간의 장벽이 무너지면서 일체감을 느끼게 되는 것입니다. 우리나라 사람들에게 부족한 것이 건강한 유머 감각인 것 같습니다. 항상 심각한 사람 곁에는 긴장과 스트레스가 쌓이게 됩니다. 가정에 웃음거리가 많아야 남편뿐 아니라 사춘기 자녀들도 즐거운 가정으로 돌아오고 싶어질 것입니다.

성령님은 우리에게 희락(joy)의 열매를 선물로 주셨습니다. 예수님은 "내 기쁨이 너희 안에 있어 너희 기쁨을 충만하게 하려 함이라"(요한복음 15:11)고 하셨습니다. 인생의 모든 순간에는 항상 밝음과 어두움이 공존하는데, 웃음이란 긍정을 바라보는 사람에게 주어지는 선물입니다. 유머 감각을 개발하십시오. 웃기를 힘쓰십시오. 남편과 함께 깔깔 웃을 거리를 만들어 보십시오. 유머 감각을 가지면 고난과 어려움도 잘 넘길 수 있고, 차이와 갈등도 넘길 수 있고, 비바람 속에서도 인내할 수 있습니다. 남편을 보면 일단 웃으며 맞이하십시오. 서로 웃고 즐거워하십시오. 너무 심각하지 마십시오. 남편과 함께 신나게 웃다 보면 어느새 부부 친밀감은 더욱 증가될 것입니다.

8. 성 친밀감

원래 성은 창조주 하나님께서 인간의 행복을 위해 고안해 주신 멋지고 아름다운 선물입니다. 성은 신성하고 좋은 것입니다. 그런데 사탄은 하나님의 고귀한 것을 가장 더러운 것으로 타락시키는 짓을 지금도 사력을 다해 도모하고 있습니다. 부부의 성은 순결하게 지키고 보호되어야 합니다.

> 66 결혼을 귀히 여기고 침소를 더럽히지 않게 하라 99 (히브리서 13:4).

부부의 침실은 순결과 거룩함으로 지켜 나가야 합니다. 부부의 성은 죄책감이나 수치심이 없어야 합니다.

> 66 두 사람이 벌거벗었으나 부끄러워하지 아니하니라 99 (창세기 2:25).

부부의 성은 부끄러움이 없는 가장 친밀한 육체의 연합입니다.

> 66 너는 네 우물에서 물을 마시며 네 샘에서 흐르는 물을 마시라… 네 샘으로 복되게 하라 네가 젊어서 취한 아내를 즐거워하라 그는 사랑스러운 암사슴 같고 아름다운 암노루 같으니 너는 그의 품을 항상 족하게 여기며 그의 사랑을 항상 연모하라 99 (잠언 5:15-19).

위의 말씀을 보면 남편으로 하여금 아내의 품에서 즐거워하며 항상 족하도록 해야 할 책임이 아내에게 있는 것 같습니다. 남편의 성적 욕구나 충동은 유별나거나 나쁜 것이 아닙니다. 오히려 건강한 사람이라면 아내와의 성관계를 원하는 것이 당연합니다. 남편의 성관계 요구를 무시하지 마십시오. 성을 나쁜 것으로 치부하지도 마십시오. 부득이 거절하더라도 남편의 자존심을 상하게 하면 절대로 안 됩니다.

아내는 남편과의 침실을 소중히 가꾸고 개발해야 합니다. 부부의 성을 보호하고 지켜 나가야 합니다. 보다 큰 행복을 위해, 보다 큰 기쁨을 위해, 더욱 깊은 친밀감을 위해 남편과의 성 친밀감을 지켜 나가십시오. 부부의 성관계를 위한 계획을 세우십시오. 남편을 성적으로 받아들이기 위해 낮 시간 동안 피곤을 잘 풀고 준비할 필요도 있습니다. 부부의 거룩한 성, 인격적 성, 밀접한 성 친밀감을 위해 노력을 기울인다면 당신의 결혼과 가정은 더욱 견고히 지켜지게 될 것입니다.

🕐 **나눔** 위의 여덟 가지의 친밀감의 요소 중에서 남편과의 친밀감이 잘 이루어지는 항목은 무엇입니까? 그리고 노력이 필요한 부분의 항목은 무엇인지 나누어 보세요.

친밀감의 시작

성 친밀감을 위해서는 이번 과에서 살펴 본 7가지 부부 친밀감의 요소가 선행되어야 한다. 또한 평소에 쌓인 분노나 원망이나 갈등이 없어야 한다. 서로 인격을 무시하는 태도도 성 친밀감을 저해한다. 남편(남성)에 대한 생리적 욕구를 이해할 필요도 있다. 물론 부부의 성 친밀감은 상호적인 것이기 때문에 남편 역시 아내(여성)를 이해하기 위해 교육을 받을 필요가 있다. 그러나 먼저 아내로서 변화된 태도로 시작해야 한다.

2. 영적 친밀감

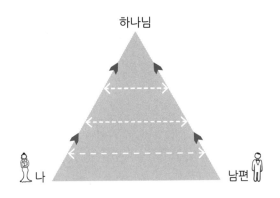

영적 부부의 친밀감은 삼각형의 도형으로 설명될 수 있습니다. 중간 위 꼭짓점에 하나님이 계시는 삼각관계입니다. 즉 남편과 아내가 각자 위에 계신 하나님을 바라보며 그분께로 나아간다면 남편과 아내가 자연스레 가까워진다는 모형입니다. 따라서 남편도, 아내도 각자 개인적으로 주님과의 친밀한 관계를 점점 증진해야 합니다. 이와 같이 각자가 주님과 나누는 관계가 깊어질수록 부부가 서로 나누는 관계 역시 더욱 깊어지게 되어 있습니다. 부부 각자가 영적으로 계속 자라갈 때 그들의 결혼 생활도 계속 자라고 성숙할 것입니다.

반면에 남편과 아내 두 사람이 서로 바라고 요구하고 집착하다 보면 점점 에너지가 고갈되고 맙니다. 곧 불만족으로 변하기 쉽습니다. 그래서 결혼은 둘이 마주 보는 것이 아닙니다.

마주 본다는 것은 서로에게서 자신의 모든 욕구를 채우려는 태도를 의미합니다. 남편에게서 모든 만족을 구하지 마십시오. 하나님만이 당신의 모든 영적 필요를 충족시켜 주실 수 있습니다. 결혼은 두 사람이 손을 굳게 잡았지만, 각자 위에 계신 하나님을 바라보는 것으로 시작되어야 합니다. 남편과 아내가 각각 하나님을 사랑하며 친밀함을 추구한다면, 부부 사이는 어느새 꼭짓점을 향하여 나아갈 수 있습니다. 그렇게 되면 부부는 정신적으로도, 영적으로도, 나아가서는 육체적으로도 가장 친밀한 관계를 가질 수 있습니다. 그러면 최상의 부부 연합이 이루어지게 되는 것입니다. 진정한 부부 친밀감은 영적 친밀감 속에서 완전해지기 때문입니다. 이를 위해 아내로서 당신이 먼저 하나님만을 바라보며 그분 안에서 참 평안과 만족을 소유하시기 바랍니다.

👐 기도문

하나님 아버지, 남편과의 친밀감이 참으로 어려웠습니다.
그동안 나 자신이 노력하지도 않으면서
남편을 탓하고 정죄한 것을 회개합니다.
이제 남편과의 친밀감을 위해 기도하겠습니다.
예수님, 주님은 죄인인 나를 위해 죄인처럼 사셨습니다.
죄인인 나를 정죄하지도 않으셨습니다.
우리를 친구라고 부르신 주님, 저희도 그렇게 살겠습니다.
그래서 남편이 예수님을 만나 그 영혼이 구원받을 때까지
남편 곁에 친구로 살겠습니다.
도와주옵소서. 예수님의 이름으로 기도합니다. 아멘.

1. 이번 한 주 동안 남편과 '신앙과 가치관을 공유하기'를 갈망하며 남편을 위해 기도하는 시간을 가지기 바랍니다. 다음과 같이 매일 기도해 보십시오. 그리고 기도문을 아래에 적어 보십시오.

예) "주님, 남편이 하나님의 은혜와 구원의 감격 때문에 눈물 흘리게 하옵소서. 함께 성경 말씀을 읽으며 하나님 나라를 위해 기도하는 날이 오게 하소서. 그때까지 제가 변화된 삶을 살겠습니다. 도와주옵소서."

....

....

....

....

....

....

....

....

....

2. 남편과의 친밀감을 높이기 위해 남편과 시간을 같이 보내거나, 취미와 관심사를 공유하는 시간을 가지기 바랍니다. 아래에 남편과 어떻게 시간을 보낼지 적어 보십시오.

예) 둘만의 데이트 시간을 갖는다. 둘이서 예쁜 카페를 찾는다. 영화를 관람한다. 아름다운 산책길이나 등산길을 걸으며 풍경을 감상한다. 때로는 남편이 즐겨 하는 카드놀이를 함께 즐긴다. (주의할 점: 자녀들을 동반하지 말 것.)

....

....

....

....

....

3. 부부의 성생활은 하나님이 주신 축복입니다. 따라서 부부관계를 즐겁게 가꾸는 것은 필수과제입니다. 남편과의 성생활을 즐기기 위해, 거룩하게 지키기 위해 어떤 노력을 기울여야 할지 서로 비법을 나누어 보세요.

....

....

....

9과

자기표현

남편과의 갈등은
건강한 대화법으로 풀라

Grace-full Wives

서로 다른 두 사람이 만나 이뤄진 결혼에는 갈등이 있게 마련입니다. 갈등이 없는 결혼생활은 없습니다. 또한 결혼생활을 하다 보면 위기도 만나게 됩니다. 문제는 갈등과 위기를 만났을 때 어떻게 대처할 것인가입니다. 회피할 것인가, 직면하여 처리할 것인가, 당신은 어떻게 대처합니까?

건강한 사람은 마음속에 갈등을 회피하거나 쌓아 두지 않습니다. 건강한 사람은 문제를 외면하지도 않습니다. 건강한 사람은 용감하게 문제를 직면하고 해결책을 구하고 찾습니다. 필요하면 상담실을 찾거나 문제 해결을 위해 도움을 구합니다. 그리고 열린 마음으로 변화를 시도합니다. 그래서 결국 문제는 개인과 가정을 더욱 튼튼하게 만드는 계기가 될 수 있습니다. 우리는 갈등을 건강하게 처리하는 방법을 익혀야 합니다. 먼저 갈등 해소를 위한 대화의 기술을 습득해 봅시다. 지금까지 당신이 고수한 대화 방식을 돌아보고, 열린 마음으로 건강한 대화법을 습득하고 훈련하기 바랍니다.

1. 대화의 기본 법칙

1. 꼭 말해야 한다

사람들은 흔히 "꼭 말해야 하나? 말 안 하면 모르나?" 하는데 이 것은 틀린 생각입니다. 대화의 기본 법칙 중에 가장 큰 명제는 '꼭 말해야 한다'입니다. 말 안 하면 상대방은 알 길이 없습니다. '이심전심'도 저절로 얻어지는 것이 아닙니다. 이심전심은 많은 교제와 대화와 노력을 통해 비로소 둘이 같은 마음을 갖게 되는 것입니다. 내가 말하고, 표현하고, 노력하고, 전달하지 않으면 상대방은 내 마음을 알 길이 없음을 명심해야 합니다. 내 마음 속에 있는 생각과 의견과 바람과 감정을 반드시 말하고 애써 알려야 합니다. 내 마음을 열고 상대방에게 알려 주어야만 비로소 상대방은 나를 이해할 수 있습니다. 이해받기를 원한다면 꼭 전 달하고 말해야 합니다. 사랑받기를 원한다면 꼭 표현하고 말해 야 합니다.

흔히 아내는 남편이 자기 마음을 몰라주는 게 섭섭해서 "그만둬. 다 필요 없어" 하고 토라져 버립니다. 그런데 이런 대응은 매우 비효율적입니다. 오해는 풀어야 합니다. 사랑한다면 갈등을 적극 풀어 가야 합니다. 쌓아 두지 말고 그때그때 풀어야 합니다.

❝ 해가 지도록 분을 품지 말고 마귀에게 틈을 주지 말라 ❞ (에베소서 4:26-27).

위의 말씀처럼 갈등이 일어났을 때 바로 풀어야지 내일로 미루거나 쌓아 두면 절대 안 됩니다. 쌓아 두기 시작하면 어느새 섭섭함의 벽이 생기고, 둘 사이는 점점 더 냉랭해집니다. 그러면 부부 사이를 갈라놓는 사탄이 틈타기 시작합니다. 꼭 말을 해서 풀어야 합니다.

갈등에 관한 잘못된 신화들

1. 세월이 약이다.
2. 갈등은 나쁜 것이다.
3. 크리스천 부부는 갈등이 없어야 한다.
4. 갈등은 회피하는 것이 상책이다.
5. 갈등은 풀지 않아도 언젠가는 사라진다.
6. 갈등을 참으면 부부 사이가 좋아진다.
7. 크리스천은 무엇이든 다 참는 것이 미덕이다.

2. 말을 많이 해야 한다

부부지간에 '침묵은 금이다'는 말은 절대 금물입니다. 침묵은 많은 오해를 불러일으킵니다. 일부러라도 대화의 시간을 만들어야 합니다. '오늘 남편이 들어오면 이런 이야기를 나누어야지' 하고 미리 대화의 주제를 준비하면 좋습니다. 친한 친구하고는 매일 만나도 할 얘기가 많은 것처럼 남편과도 여러 주제를 가지고 많은 대화를 시도해서 그런 관계로 만들어야 합니다. 평소에 서로 말을 많이 하면 그렇게 됩니다.

혹시 "나는 원래 말이 적은 편이야" 하는 사람이 있습니까? 설사 말수가 없더라도 남편과는 자주 많이 말해야 합니다. 대화를 많이 시도해야 합니다. 사소한 이야기, 중요하지 않은 이야기도 하십시오. 특히 오해나 갈등이 있을 때 더 말하고, 말하고 또 말해서 풀어야 합니다. 말로 대화가 어려우면, 글과 편지, 혹은 문자나 이메일 등의 수단을 이용해서라도 반드시 대화를 시도하고 또 시도해야 합니다.

2. 해로운 대화 유형

흔히 "나도 남편과 대화를 하고 싶지만 도무지 대화가 되지 않습니다"라고 호소하는 사람이 많습니다. 이 말에는 '나는 대화를 하고 싶지만, 저 사람에게 문제가 있어서 대화가 어렵다'는 은근한 원망이 담겨 있습니다. "저 사람이 말을 하려 들지 않는다", "저 사람과 말하려면 자꾸 화가 난다", "벽에다 대고 말하는 것 같다" 등이 흔히 하는 호소입니다. 물론 '저 사람'에게 문제가 있는 것은 사실입니다. 그러나 관계는 항상 상호적입니다. 대화 역시 일방적인 것이 아니라 서로 영향을 주고받으며 하게 됩니다. 따라서 '저 사람이 말을 하지 않거나, 화를 내는 것'의 이면에는 나 자신에게도 그 원인을 찾아볼 수 있습니다.

"현명해지기란 무척 쉽다. 그저 이렇게 말하는 것은 어리석은 짓이라고 생각되는 말을 하지 않으면 된다."(샘 레븐슨).

> 못된 열매 맺는 좋은 나무가 없고 또 좋은 열매 맺는 못된 나무가 없느니라… 선한 사람은 마음에 쌓은 선에서 선을 내고 악한 자는 그 쌓은 악에서 악을 내나니 이는 마음에 가득한 것을 입으로 말함이니라 (누가복음 6:43-45).

말이란 마음의 표현입니다. 마음속에 원망이 있으면 원망이 나옵니다. 마음속에 사랑이 가득하면 나도 모르게 사랑의 말이 나옵니다. 즉 나의 마음 상태가 언어로 표출되는 것입니다. 또한 말은 영적입니다.

> 스스로 경건하다 생각하며 자기 혀를 재갈 물리지 아니하고 자기 마음을 속이면 이 사람의 경건은 헛것이라 (야고보서 1:26).

우리의 언어와 말이 경건을 나타낸다고 합니다. 말이 영성입니다. 우리는 믿음의 말을 사용해야 합니다. 말이 관계를 세우기도 하고, 해치기도 한다는 것을 기억하십시오. 그러면 이제부터 남편과의 친밀한 관계를 해치는 해로운 대화 유형을 살펴보기로 하겠습니다. 자기 자신의 대화 스타일을 점검하고 돌아볼 수 있기를 바랍니다.

1. 비난형

비난형의 사람은 남을 탓하고 원망하고 비난하는 데 아주 익숙합니다. 너무나 오랫동안 비난해 왔기 때문에 자신이 비난하고 있는 줄도 미처 의식하지 못합니다. 하지만 문제가 생기면 바로 남에게 화살을 돌리는 게 우리의 모습이지요.

그런데 사람은 비난받으면 마음의 문을 닫아 버립니다. 자신을 보호하기 위해 방어기제를 사용하기 때문입니다. 또한 누구나 비난받으면 화가 납니다. 그래서 비난은 또 다른 비난을 낳습니다. 결국 비난은 냉담함을 가져오며, 대화를 포기하게 만들어서 부부관계를 해칩니다.

당신의 남편은 비난받아서 변화하지 않습니다. 아무리 옳은 말이라도 비난조로 말하면 오히려 남편은 더욱 변화를 거부할 것입니다. 비난은 마음을 닫게 만듭니다. 오히려 변화할 여지를 차단해 버립니다. 비난은 부부의 관계를 해칠 뿐입니다. 때로는 그럴듯한 충고나 설교에도 비난이 들어있습니다.

나 자신을 돌아보십시오. 내 안에 비난의 습관이 자리 잡고 있지는 않은지 돌아보십시오. 자신 안에 '비난의 영'이 숨어 있지는 않은지 살펴보십시오. 남편을 야단치거나 비난하지 않기로 작정해야 합니다. 비난은 교만입니다. 자기 눈 속에 있는 들보는 빼지 않으면서 남편 눈에 있는 티를 빼라고 하는 셈입니다. 일단 비난을 멈추십시오. 부부 사이에 지적과 비난은 절대 금물입니다.

"비판을 받지 아니하려거든 비판하지 말라 너희가 비판하는 그 비판으로 너희가 비판을 받을 것이요 너희가 헤아리는 그 헤아림으로 너희가 헤아림을 받을 것이니라"(마태복음 7:1-2).

2. 회유형

회유형이란 갈등을 적극적으로 해소하지 않고, 자기의 마음과 의견, 생각, 바람, 감정을 분명하게 표현하지 못하는 사람입니다. 흔히 자신감이 부족한 사람이 사용하는 대화 유형입니다. 스스로 착하다고 생각하는 아내가 취하는 유형이기도 합니다. 그러나 사실은 착한 것이 아니라 건강하지 않은 태도입니다. 이런 사람은 '나 하나만 참으면 된다'고 생각하면서 항상 양보하고 져 줍니다. 무엇이든 당신 좋을 대로 하라고, 나는 아무래도 좋다고, 나 같은 사람이 뭘 알겠느냐고 말하며 자신을 포기하는 희생자 같은 태도를 취합니다.

그러나 이런 아내는 불만을 말하지 않았을 뿐이지 사실 누구보다 불만이 많습니다. 불만을 가슴속에 차곡차곡 쌓아 두고 있습니다. 그런데 표현되지 않은 불만은 앙금처럼 남게 됩니다. 이렇게 불만이 앙금이 되어 버리면 우울증에 걸리거나 어느 날 갑자기 폭발해 버려서 파국을 조장하게 됩니다. 그러므로 무조건 참는 것은 건강하지 않습니다. 자신을 건강하게 표현하는 법을 배워야 합니다. 건강한 자기 표현을 통해 건강한 마음을 지닌 아내가 되어야 합니다.

3. 산만형

산만형의 아내는 남편의 대화에 대해 주의를 전혀 기울이지 않는 유형입니다. 좋은 대화를 위해서는 먼저 듣고 경청할 수 있어야 합니다. 열린 마음으로 남편의 말을 들어주고 맞장구를 쳐주어야 합니다. 산만형은 "나 지금 바빠요", "나 지금 피곤해요" 하면서 대화를 피하는 유형입니다. TV 드라마를 보느라 남편의 말을 무시하거나 남편이 어떤 말을 시작하면 "쓸데없는 소리 말아요" 하고 말을 끊어 버립니다.

원래 부부는 쓸데없는 이야기도 해야 합니다. 남편이 지금 무엇을 원하는지, 무엇에 관심을 가지고 있는지, 요즘 무엇 때문에 힘들어하는지 관심을 기울이고 경청해야 합니다. 별 것 아닌 이야기도 열심히 들어주어야 합니다. 어떤 아내는 남편이 모처럼 어떤 주제로 대화를 하려는데 "가스불 꺼야지", "냉장고가 작아서 불편해 죽겠어" 하고 전혀 엉뚱한 이야기를 해서 더 이상 말을 잇지 못하게 만듭니다. 이런 일이 반복되면 남편은 더 이상 대화를 하려 하지 않을 것입니다. 부부가 같은 공간에 있어도 다른 세계를 사는 공허한 관계가 되는 것입니다. 상대에게 '내 이야기에 관심도 없다'는 느낌을 주면 부부 관계는 점점 멀어질 수밖에 없습니다.

4. 이중구속형

이중구속이란 두 개 이상의 상반된 메시지를 동시에 말하는 유형입니다. 마음과 말이 다르게 나가는 스타일이기도 합니다. 예를 들면, 남편이 아내에게 "당신, 화났어?" 하고 물으면 아내는 "내가 어디 화가 났다고 그래요? 화 안 났다니까!" 하지만 사실 분위기는 심상치 않습니다. 아내는 온몸으로 화를 뿜어내면서도 말로만 화나지 않았다고 말하는 것입니다. 이때 남편은 어느 것이 진실인지 혼란스럽습니다. 이런 것을 이중구속형이라고 합니다.

어떤 아내가 남편에게 "나 오늘 마음이 힘드니까 건드리지 말고 혼자 있게 해달라"고 했습니다. 그래서 남편은 가만히 내버려두었습니다. 그랬더니 잠시 후 아내가 문을 벌컥 열면서 "내가 죽거나 말거나 관심도 없지!" 하고 소리를 지르는 겁니다. 혼란에 빠진 남편이 아내를 달래기 위해 "차 한 잔 하면서 얘기 좀 할까?" 하면 아내는 "내가 가만 내버려두라고 했지? 상관하지 말라니까!" 하고 더 화를 냅니다. 남편은 도무지 아내가 무엇을 원하는지 알 길이 없습니다. 이래도 화를 내고, 저래도 화를 내는 아내를 어떻게 대해야 할지 혼란스러울 뿐입니다.

건강한 사람은 자기를 정확하게 표현합니다. 자신이 원하는 것을 분명하게 요청합니다. 마음과 말이 일치하는 대화가 건강한 대화입니다. 예를 들어 토요일이 생일이면 "여보, 이번 토요일이 내 생일이니 이렇게 축하받고 싶어요" 하고 자기의 바람을 정확하게 전달하는 것입니다. 그러지 않고 '내 생일을 기억하나 못 하나' 하고 두고 봤다가 기억 못하면 삐치고 마음을 닫는 것은 건강한 모습이 아닙니다. 자신의 마음과 바람을 진솔하게 표현하기를 노력하십시오.

🕐 **나눔** 우리 부부는 대화가 잘되고 있습니까? 물론 남편의 잘못된 대화 유형 때문에 대화가 잘 안 되는 부부도 많습니다. 그러나 오늘은 나 자신의 잘못된 대화 유형을 돌아보기 바랍니다. 나는 네 가지 유형 중에 어느 것에 속합니까? 왜 그러한 대화 습관이 형성되었는지, 자신의 성장 배경과 가족 문화를 돌아보며 스스로를 이해하면서 나누어 보세요.

3. 건강한 대화 유형

사랑도 배우고 훈련받아야 할 기술이듯이, 대화도 마찬가지입니다. 대화의 기술을 배우고 익혀야 합니다. 그동안 당신이 남편과 대화하는 것이 왜 어려웠는지 자신의 대화 습관을 열린 마음으로 돌아보기 바랍니다. 남편과의 사랑이 발전되기를 원한다면 부부의 관계를 증진시키는 건강한 대화법을 익히고 연습해야 합니다.

1. 잘 듣기(active listening)

대화의 시작은 듣기입니다. 잘 들어주고 경청하는 것이 우선입니다. 남편과 대화가 잘되기를 원한다면 우선 남편의 말에 귀를 기울여야 합니다.

> 66 사연을 듣기 전에 대답하는 자는 미련하여 욕을 당하느니라 99 (잠언 18:13).

> 66 듣기는 속히 하고 말하기는 더디 하며 성내기도 더디 하라 99 (야고보서 1:19).

듣는 것이 먼저입니다. 그러면 잘 듣기를 도와주는 쉬운 방법을 소개합니다.

맞장구치기(feedback)

맞장구치기란 남편이 말할 때 고개를 끄떡이며 "그렇구나", "그랬어?", "정말?", "와~", "저런" 등의 반응을 해서 남편으로 하여금 아내가 남편의 말을 진정으로 듣고 있다는 것을 전달하는 방법입니다.

옆에 있는 자매님들과 서로 바라보며 다시 연습해 보십시오. "그렇구나", "그랬어?", "정말?", "와~", "저런."

공감으로 되돌려주기(sympathy)

남편이 어떤 말을 할 때, 그의 말을 다시 한 번 되돌려 주는 방법입니다. 말을 바꾸어서 말하거나, 요약해서 전달하는 방법입니다. 이때 남편의 마음을 알아주는 공감이 포함되어야 합니다. 예를 들어 "오늘 회사에서 야근을 했는데, 아직도 일이 안 끝났다"고 말했다면, "와, 정말 일이 많구나. 당신 많이 힘들겠다. 피곤해서 어떡하지?"라고 되돌려 주는 것입니다. 또는 남편이 "오늘 집에 오는데 길이 너무 막혔다" 하면 "정말? 요즘 왜 길이 그렇게 막히는지 모르겠어. 정말 짜증나지? 당신 정말 지쳤겠다" 하고 반응해 주는 것입니다.

옆에 있는 자매님들과 위의 표현들을 실감나게 반복하며 실습해 보세요.

2. 건강한 자기표현

남편의 이야기를 잘 들어줄 뿐 아니라 나 자신을 잘 표현하는 것도 중요합니다. 건강한 사람은 남의 이야기도 잘 듣지만 자기 이야기도 잘합니다. 건강한 자기표현 방법 중에 '나 전달법'(I-message)이 있습니다. '나 전달법'은 다음과 같은 구문으로 구성될 수 있습니다.

첫째 발생한 상황이나 사건을 정확하게 표현하며 전달합니다. 이를테면 "이러이러했을 때에…"로 시작하는 표현입니다. 이때 중요한 것은 비난이나 과장이 없어야 합니다. 예를 들어 "당신 때문에…", "당신이 이러이러했기 때문에…", "당신이 허구한 날 그러니까…" 같은 비난조가 들어가면 안 됩니다. 비난하거나 탓하지 않고 그저 객관적으로 발생한 상황을 정확하게 서술하는 것입니다.

둘째 첫 번째 구문에 이어, 그러한 상황에서 느낀 자신의 감정을 진솔하게 전달합니다. 이를테면 "그랬을 때에 내 마음은 참 섭섭했어요"와 같은 표현입니다. 이때에도 중요한 것은 원망이나 비난이나 격함을 자제해야 한다는 것입니다. 은근한 원망이 섞인 감정도 피해야 합니다. 가능한 한 진솔한 감정을 찾아서 표현해야 합니다.

나 전달법에는 '긍정적 나 전달법'과 '직면적 나 전달법'이 있습니다.

우리 인간은 긍정적인 것은 보지 못하고, 부정적인 것만을 보는 경향이 있는 듯합니다. 감사할 것은 보이지 않고, 불평할 것만 보이는 이유가 무엇일까요? 가정에서도 마찬가지입니다. 흔히 우리는 남편의 좋은 점, 잘한 것, 감사한 것은 표현하지 않고 그냥 넘어가는 경향이 있습니다. 남편이 마땅히 칭찬받아야 할 것들에 대해서는 당연한 것으로 여기고는 막상 칭찬은 전달하지 않습니다. 고마움과 감사함도 말하지 않습니다. 잘한 것은 잘 보이지 않고, 잘못한 것은 유달리 잘 보이기 때문입니다. 그러다 보니 잘한 것은 당연한 것이고, 잘못한 것에 대해서는 유달리 지적하며 강조하여 표현합니다.

예를 들면 남편이 일찍 귀가한 것은 당연한 일이고, 늦게 귀가했을 때에만 화를 냅니다. 낮에 전화해서 안부를 물어 주었을 때는 당연한 것이고, 미처 전화를 못했을 때만 불평을 합니다. 주말에 남편이 아이들과 놀아 주거나 공부를 도와 주었을 때는 가만히 있고, TV로 스포츠 경기를 보고 있으면 "안 도와준다"고 불평합니다. 남편이 즐거운 표정을 지을 때는 가만히 있고, 얼굴에 피곤함이나 짜증이 보일 때는 "왜 당신은 항상 그렇게 짜증만 내느냐"고 강조해 줍니다. 그러다 보니 가정에 감사와 고마움과 즐거움과 기쁨이 결여되는 경향이 있습니다.

'긍정적 나 전달법'

'긍정적 나 전달법'이란 평소 남편에게 감사한 일에 대해 구체적으로 전달하는 방법입니다. 앞쪽에서 설명한 것과 같이 남편의 좋은 점, 감사한 점, 칭찬하고 싶은 것을 찾아서 전달하는 표현법입니다. 사실 가만히 생각해 보면 그 동안 남편에게 감사한 것도 분명 있었을 것입니다. 그러한 마음을 막상 표현하지 못했다면 오늘부터 더 많이, 더 적극적으로, 더 구체적으로 감사를 표현하면 됩니다. 감사는 반드시 표현해야 합니다. 그런데 놀라운 것은 평소에 '긍정적 나 전달법'을 잘 사용하면, 오히려 남편이 더욱 변화한다는 사실입니다. 감사를 표현하면 감사할 일이 더 많아집니다. 감사를 표현하다 보면 갈등도 훨씬 줄어들게 되어 오히려 '직면적 나 전달법'의 사용도 줄어들게 됩니다. 이제 '긍정적 나 전달법'을 연습해 보십시오.

예 1)
"당신이 지난번에 우리 어머니에게 용돈을 드렸을 때에…."
"나는 정말 고맙고 감사했어요. 고마워요."

예 2)
"당신이 우리 어머니에게 전화를 드렸다고 하니…."
"정말 감사해요."
"바쁜 중에도 우리 어머니를 기억해 주어서 고마워요."

예 3)

"당신 요즘 회사 일로 바쁜 중에도 내 생일을 잊지 않고 기억해
주어서…."

"정말 행복했어요."

예 4)

"지난번 아이들 앞에서 나를 지지해 주고 세워 주었을 때…."

"나는 정말 뿌듯하고 감동했어요. 당신은 정말 좋은 남편이에요."

예 5)

"당신이 나와 함께 교회에 가서 예배드리니…."

"내가 얼마나 행복한지 몰라요. 정말 고마워요."

예 6)

"당신이 성실하게 일을 해 주어서, 이렇게 월급을 달마다 송금해
주니까…."

"우리 가족이 얼마나 감사한지 몰라요. 당신은 정말 성실하고 책임
감 있는 남편이랍니다."

※ 옆에 있는 자매님들과 '긍정적 나 전달법'을 실습해 보십시오.

'직면적 나 전달법'

'직면적 나 전달법'은 내가 화났을 때, 갈등이 발생했을 때, 감정이 격해졌을 때 나 자신을 잘 전달하는 표현법입니다. 중요한 것은 상대방을 비난하거나 탓하지 않으면서 자신의 분노와 좌절 등을 전달해야 합니다. 나의 마음을 전달한 후에, 남편이 변화하지 않더라도, 강요하지 않는 태도를 유지해야 합니다. 내가 이렇게 표현해서 남편을 꼭 변화시키겠다는 의도를 내려놓아야 합니다.

가장 중요한 것은 나의 감정과 좌절을 표현하는 것만으로 전달하는 '자기표현'입니다. 남은 일은 하나님께서 해결해 주실 것을 믿고 나의 감정을 있는 그대로 표현하는 것입니다. 남편을 변화시키는 것도 하나님이 하실 일입니다.

'나 전달법'을 통해 나의 마음을 잘 표현하고 전달했다면, 남편은 비난받지 않으면서도 아내의 마음을 이해하게 됩니다. 그래서 아내에게 미안한 마음이 들고, 다음부터는 더 잘해야겠다고 다짐하게 됩니다.

예 1)
"지난번에 내 생일을 미리 알려 주었는데도 기억하지 못하고 깜빡 잊었을 때…."
"내 마음이 서운했어요."
"나를 중요하게 생각하지 않는 것 같아 마음이 슬펐어요."

예 2)
"어제 내가 친정에 가자고 했을 때, 당신이 가지 않으려 하니까…."
"서운하고 마음이 힘들었어요. 마치 당신이 우리 친정집을 싫어하는 것이 아닌가 해서 섭섭한 마음이 들었어요."

예 3)

"아까 사람들 앞에서 나를 놀리는 식으로 말했을 때…."

"화가 많이 났어요."

"나의 인격이 존중받지 못하고 무시당하는 것처럼 느껴졌어요."

예 4)

"내가 교회 같이 가자고 했을 때 당신이 가기 싫어하니까…."

"나는 서운하고 외로운 마음이 들어요. 다른 부부가 함께 예배드리는 것을 보면 부럽고 서운해요. 나의 소원을 중요하게 생각하지 않는 것 같아서 마음이 쓸쓸해요."

예 5)

"여보, 내가 지금 해야 할 집안일이 너무 많은데…."

"당신이 이것만 도와주면 좋겠어요. 그렇게 해주면 고맙겠어요. 내가 힘들어서 그래요."

예 6)

"여보, 당신이 그렇게 화를 내니까…."

"내가 어찌해야 할지 무섭고 두렵고 당황스러워요."

🕐 **나눔**

1. 긍정적 나 전달법을 시도하고 연습해 보세요.

2. 직면적 나 전달법을 사용하여, 요즘의 좌절과 불만을 잘 표현해 보세요. 여기에는 비난이 들어가선 안 된다는 것을 유념하세요.

4. 생명의 말

보통 부부싸움은 말에서 시작됩니다. 말 한마디에 부부가 돌이킬 수 없는 상태까지 가고 맙니다. 사랑하는 사람끼리는 아무리 부부라도 결코 해서는 안 될 말들이 있습니다. 말의 위력은 무서운 것입니다.

> 66 죽고 사는 것이 혀의 힘에 달렸나니 혀를 쓰기 좋아하는 자는 혀의 열매를 먹으리라 99 (잠언 18:21).

비난하기, 비하하기, 비아냥거리기, 무시하기, 약점을 들추기, 비교하기는 절대 해서는 안 되는 말들입니다. 부부관계를 파괴하기 때문입니다. 아무리 화가 나도 극단적인 말을 해선 안 됩니다. 예를 들면 "이혼하자", "헤어지자", "때려치자", "남자가 잘난 게 하나도 없으면서", "그러니까 맨날 실패하지, 뻔해", "정말 구제불능이다" 같은 말은 부부관계를 죽이는 말입니다. 이런 말은 한번 입 밖으로 발설하면 돌이킬 수 없는 상처를 남기게 됩니다. 당신이 예수님의 사랑으로 진정 거듭났다면 언어도 성령님의 지배를 받아야 합니다. 한 입으로 찬송과 저주가 나올 수 없습니다. 항상 살리는 말, 격려의 말, 생명의 말로써 부부의 사랑을 견고히 지켜 가기를 바랍니다.

🍎 **기도문**

하나님 아버지, 그동안 말로 지었던 죄들을 회개합니다.

살리는 말을 하지 않고,

나도 모르게 남편을 무시했던 말들을 용서해 주옵소서.

이제는 성령님께서 기뻐하시는 언어를 쓰겠습니다.

살리는 말, 격려의 말, 감사의 말을 하는 아내가 되겠습니다.

주님, 나의 입술을 지배하여 주옵소서.

사탄에게 속지 않게 하옵소서.

예수님의 이름으로 기도합니다. 아멘.

1. 이번 주간의 과제는 매일 아침 눈을 뜨자마자 한마디의 기도로 시작하는 것입니다. "하나님, 나의 혀가 남편을 살리는 생명의 말을 하도록 나의 입술을 다스려 주옵소서. 나의 말이 성령충만하게 하옵소서"라고 기도하는 것입니다. 지금 앞의 기도문을 읽으며 함께 연습해 보십시오.

2. 남편에게 '긍정적 나 전달법'으로 감사를 전달하는 과제입니다. 그동안 감사하지 못했던 내용을 찾아보십시오. 감사한 내용을 '긍정적 나 전달법'을 사용하여 말로, 글로, 메일로, 문자로, 카톡으로 전달하십시오. 아래에 전달할 내용을 미리 적어 보십시오.

....

....

....

....

....

....

....

....

....

....

10과

기도하는 아내

기도로 남편을 보호하고
가정을 지키라

Grace-full Wives

❝ 예루살렘이여 내가 너의 성벽 위에 파수꾼을 세우고 그들로 하여금 주야로 계속 잠잠하지 않게 하였느니라 너희 여호와로 기억하시게 하는 자들아 너희는 쉬지 말며 또 여호와께서 예루살렘을 세워 세상에서 찬송을 받게 하시기까지 그로 쉬지 못하시게 하라 ❞ (이사야 62:6-7).

어머니와 기도는 떼려야 뗄 수 없는 관계입니다. 남편을 위해 기도하고, 자녀를 위해 기도하는 아내와 어머니가 있다면, 그 가정은 세상의 어떤 유혹과 악도 능히 이겨 낼 수 있습니다. 기도하는 어머니와 아내는 자기 자신을 위해서는 기도하지 않더라도, 자녀를 위해서는 눈물로 기도합니다. 또한 아내는 남편을 위해서도 눈물로 기도해야 할 것입니다. 기도하는 어머니는 가정을 지키는 파수꾼이며, 하나님이 세상에서 찬송을 받게 하시기까지 쉬지 않고 기도하는 사명자입니다.

그런데 예수님을 믿는 사람들의 기도는 다른 종교인들의 기도와는 사뭇 달라야 합니다. 사도행전 17장 23절에서 말씀하신 것처럼 이방신을 믿는 사람들은 '알지 못하는 신'을 위합니다. 알지도 못하는 신에게 소원을 비는 것은 허공을 치는 기도일 뿐입니다. 참된 기도는 기도하는 대상에 대한 지식과 신뢰가 선행되어야 합니다. 우리는 존재하시고 들으시고 응답하시는 하나님과 인격적으로 교제하며 간구해야 하는 것입니다.

> " 기도할 때에 이방인과 같이 중언부언하지 말라 그들은 말을 많이 하여야 들으실 줄 생각하느니라 " (마태복음 6:7).

종교적으로 멋있는 말을 장황하게 중얼거리는 것은 참된 기도가 아닙니다. 진실한 삶이 들어 있지 않는 기도도 주님이 들으시는 기도가 아닙니다. 기도문이 길다고 해서 참된 기도가 아닙니다. 기도는 대화입니다. 사랑하는 사람과 나누는 인격적인 대화입니다. 그런데 하나님은 우리와 대화를 나누기 원하십니다. 사랑하는 하나님께 나아가는 것만으로도 기도는 시작되는 것입니다.

효과적인 기도를 위해서는 성경의 원리에 따라 기도해야 합니다. 자기 식으로 기도하는 것이 아니라 성경과 예수님의 가르침에 따라 기도하는 것입니다. 그래서 기도에도 배움이 필요합니다.

또한 기도는 영적 전쟁입니다. 전쟁에서 승리하기 위해서는 전쟁에 대한 정확한 목표와 정보를 알아야 합니다. 어떤 전쟁을 치르고 있는지, 어떻게 싸워야 승리할 수 있는지, 어디를 공격해야 하는지 전략을 세우고 전술을 사용해야 합니다.

1. 기도의 전략

1. 지피지기(知彼知己)면 백전백승(百戰百勝)

기도하는 사람은 먼저 나 자신이 누구인지를 알아야 하고, 동시에 내가 기도를 통해 싸우고 있는 적이 누구인지를 알아야 합니다. 나를 알고, 상대를 알면 백전백승이라는 의미입니다. 또한 내가 어떤 무기를 가지고 있는지를 알아야 하고, 공격해야 할 대상이 누구인지를 알아야 하며, 적의 약점이 무엇인지도 알아야 합니다. 적을 정확히 파악할수록 기도는 강력할 수 있기 때문입니다.

적의 무기와 실체를 정확히 알면, 적에게 속지 않을 수 있습니다. 적을 모르면 적군의 전략에 말려 들어갈 수도 있습니다. 적군에게 나도 모르게 협조하는 셈이 될 수도 있기 때문입니다. 다음의 말씀을 먼저 묵상해 보십시오.

> ...너희가 주 안에서와 그 힘의 능력으로 강건하여지고 마귀의 간계를 능히 대적하기 위하여 하나님의 전신 갑주를 입으라 우리의 씨름은 혈과 육을 상대하는 것이 아니요 통치자들과 권세들과 이 어둠의 세상 주관자들과 하늘에 있는 악의 영들을 상대함이라 ... 그런즉 서서 진리로 너희 허리띠를 띠고 의의 호심경을 붙이고 평안의 복음이 준비한 것으로 신을 신고 모든 것 위에 믿음의 방패를 가지고 ... 구원의 투구와 성령의 검 곧 하나님의 말씀을 가지라 (에베소서 6:10-17).

기도하는 '나'는 누구인가?

> " 영접하는 자 곧 그 이름을 믿는 자들에게는 하나님의 자녀가 되는 권세를 주셨으니 " (요한복음 1:12)

그렇습니다. 당신이 만일 예수님을 믿으며 영접했다면, 약속의 말씀에 따라 하나님의 당당한 자녀가 된 것입니다. 혹시라도 아직 예수님을 주님으로 영접하지 않은 분이 계십니까? 바로 지금 예수님을 마음에 영접하십시오. 예수님의 이름을 부르고 주님으로 시인하십시오. 그리고 이제 성경 말씀대로 살겠다고 고백하십시오. 그러면 당신은 벌써 하나님의 자녀가 된 것입니다.

하나님의 자녀가 되었다는 것은 하나님 자녀로서의 권세를 소유하게 된 것입니다. 지극히 높으신 하나님, 왕 중의 왕이신 하나님, 만유보다 크신 하나님이 바로 나의 주인이시며 나의 아버지이십니다. 기도하는 '나'는 누구입니까? 이제 당신은 대단한 존재입니다. 자신을 과소평가하지 마십시오. 사탄과 혼자 싸우는 것이 아닙니다. 전능하고 높으신 하나님 아버지가 친히 당신과 함께 싸워 주신다는 것을 알아야 합니다.

★
"인간이 이 세상에 존재하는 이유는 오직 기도를 통해 공허한 삶을 살지 않고 영원한 세계의 풍성함을 누리기 위함이다. 우리는 모두 위대하고 선하고 행복한 삶으로 나아갈 수 있다. 천국의 보물을 얻는 열쇠는 우리 안에 있다." (앤드류 머레이, 《기도》, 두란노, p. 23)

우리가 싸워야 할 '적'은 누구인가?

기도는 영적 싸움입니다. 우리의 적은 사탄입니다. 그렇다면 사탄의 전략도 알아차려야 합니다. 사탄은 악한 영입니다. 사실 사탄의 전략과 무기는 쉽게 알 수 있습니다. 그것은 우리 마음에 의심, 낙담, 부정적 생각을 넣어서 우리 가정에 분열, 미움, 원망, 불행을 조장하는 것입니다. 사탄의 전략은 분열의 영을 넣는 것입니다. "근신하라 깨어라 너희 대적 마귀가 우는 사자 같이 두루 다니며 삼킬 자를 찾나니"(베드로전서 5:8)라는 경고의 말씀을 기억하십시오.

따라서 사탄의 전략에 말려 들어가지 않도록 주의해야 합니다. 사탄에게 속지 말아야 합니다. 갑자기 남편이 미워지고 자녀를 바라볼 때 낙담이 된다면 이때 조심하십시오. '사탄이 공격하고 있구나'라고 알아채야 합니다. 사탄에게 협조하지 마십시오. 사탄과 반대되는 행동으로 나아가십시오. 분열 대신 일치, 미움 대신 사랑, 원망 대신 용서, 과거 대신 미래, 불행 대신 행복을 선포하는 것입니다. 부정적 생각을 버리고 긍정적 생각을 취하는 것입니다. 마음을 따라가지 마십시오. 의지적으로 사탄의 공격을 역행하는 태도를 취하십시오. 그러한 의지적 선택을 실천으로 옮길 때, 사탄은 완전히 패배해서 우리 가정에서 영영히 떠날 것입니다. 할렐루야!

사탄의 지배하에 있던 가정

과거 우리 부모의 가정을 돌아보면 참으로 많은 가난과 불행과 상처가 있었습니다. 그리고 얼마나 미신이 많았는지 모릅니다. 귀신 이야기도 많았고, 부적도 많았습니다. 불행과 재난에 대한 두려움 때문에 온갖 귀신을 섬기기도 했습니다. 사탄은 여전히 인간들에게 거짓과 속임수를 주었을 뿐인데 말입니다. 그러나 이제 더 이상 사탄을 두려워할 필요가 없습니다. 사탄이 남겨 놓은 과거의 잔해들을 무효화시켜야 합니다.

아직도 우리 가정에 남아 있는 잔해들이 무엇입니까? 남존여비, 열등감, 증오, 두려움, 폭력, 중독 등을 끊는 기도를 하십시오. 우리 가정에 견고한 진처럼 남아 있는 사탄의 흔적을 예수 그리스도의 이름으로 무너뜨리는 기도를 하십시오. "예수님의 이름으로 명하노니, 우리 가정을 지배하고 장악하던 모든 어두움의 영들은 우리 집에서 떠나갈지어다"라고 명령하십시오. 그리고 다음 말씀을 사탄도 들을 수 있도록 선포하십시오.

> 66 여호와의 말씀이니라 너희를 향한 나의 생각을 내가 아나니 평안이요 재앙이 아니니라 너희에게 미래와 희망을 주는 것이니라 99 (예레미야 29:11).

2. 의로운 기도

우리의 기도는 의로운 기도여야 합니다. 이것이 다른 종교인들이 하는 기도와 다른 점입니다. 무조건 '지성이면 감천'과 같은 기도가 아닙니다. 하나님은 주의 자녀들을 거룩하게 성화시키는 데 지대한 관심을 가지고 계십니다. "내가 거룩하니 너희도 거룩하라"는 말씀은 성경 도처에 나와 있습니다. 우리는 하나님의 거룩한 군사입니다. 거룩하지 않은 사람의 기도는 허공을 치는 기도입니다. "의인의 간구는 역사하는 힘이 큼이니라"(야고보서 5:16)고 말씀하셨습니다. 강력한 기도는 의인의 기도입니다. 의롭지 않은 기도는 주께 상달되지 않습니다.

> 66 여호와의 손이 짧아 구원하지 못하심도 아니요 귀가 둔하여 듣지 못하심도 아니라 오직 너희 죄악이 너희와 너희 하나님 사이를 갈라놓았고 너희 죄가 그의 얼굴을 가리어서 너희에게서 듣지 않으시게 함이니라 99 (이사야 59:1-2).

위의 말씀을 묵상해 보십시오. 죄악이 있으면 아무리 기도해도 듣지 않으신다는 섬뜩한 경고의 말씀입니다. 죄는 우리와 하나님 사이를 갈라놓는 무서운 적입니다. 우리의 기도가 아직 응답되지 않은 이유가 무엇일까요? 물론 하나님의 완전한 때에 응답하실 것이라 믿지만, 혹시 내 안에 처리하지 못한 죄가 남아 있기 때문은 아닐까요? 회개하지 않은 죄, 은밀한 죄, 음란, 교만, 욕심, 분노, 혈기, 나태함, 불평, 원망, 용서 못함, 상처, 쓴 뿌리, 고집, 불순종이 기도 응답을 막고 있는 것은 아닐까요? 물론 주님 앞에서 의인은 없지만, "만일 우리가 우리 죄를 자백하면 그는 미쁘시고 의로우사 우리 죄를

사하시며 우리를 모든 불의에서 깨끗하게 하실 것이요"(요한일서 1:9)라는 희망의 말씀이 있습니다.

기도하는 사람은 늘 자신의 마음을 돌아보아야 합니다. 자신의 내면을 들여다보아야 합니다. 성령님의 조명하에 아직 내면에 남아 있는 죄를 회개와 고백으로 청소해야 합니다. 주 앞에서 나를 늘 성결하게 지켜 나갈 때, 주님은 우리의 기도에 속히 응답하실 것을 믿습니다.

"하나님이여 내 속에 정한 마음을 창조하시고 내 안에 정직한 영을 새롭게 하소서! 주님, 저희가 순결하고 깨끗한 어머니가 되게 하소서!"

2. 기도하는 아내는…

1. 염려하지 않는다

기도하는 사람은 염려하지 않습니다. 아니, 기도하는 아내는 염려하지 말아야 합니다. 염려를 주님께 맡기는 것이 믿음의 기도이기 때문입니다.

> 66 너희 염려를 다 주께 맡기라 이는 그가 너희를 돌보심이라 99
>
> (베드로전서 5:7).

우리는 은행에 돈을 맡기고도 염려하지 않습니다. 하물며 전능하신 하나님께서 돌보신다고 약속하셨음에도 불구하고 여전히 염려하고 걱정하고 있다면, 그것은 믿음의 기도를 하는 것이 아닙니다.

> 66 아무것도 염려하지 말고 다만 모든 일에 기도와 간구로, 너희 구할 것을 감사함으로 하나님께 아뢰라 99 (빌립보서 4:6).

이 말씀을 암송하십시오. 그리고 마음에 걱정과 염려가 살며시 들어오면, "No!"라고 선포하십시오. 우리는 염려 대신 기도하는 아내입니다. "나는 염려하지 않는다!"라고 선포하십시오. 옆사람에게도 선포해 주십시오.

"염려는 불신앙이다. 나는 염려하지 않는다!"

2. 의심하지 않는다

성경은 "믿음으로 기도하라"고 합니다. 의심하면 응답을 얻지 못합니다. 그래서 사탄은 기도한 후에 살짝 의심을 넣어 줍니다. 의심한다는 것은 마음이 흔들린다는 뜻입니다. 다음 말씀을 묵상해 보십시오.

> 오직 믿음으로 구하고 조금도 의심하지 말라 의심하는 자는 마치 바람에 밀려 요동하는 바다 물결 같으니 이런 사람은 무엇이든지 주께 얻기를 생각하지 말라 두 마음을 품어 모든 일에 정함이 없는 자로다 "(야고보서 1:6-8).

위의 말씀을 보면 믿음의 반대가 의심입니다. 믿음의 기도는 생명의 씨를 뿌리는 것과 같습니다. 살아 있는 씨는 먼저 땅에 묻혀 보이지 않습니다. 곧 씨는 형체가 사라집니다. 그러나 믿음의 눈으로 보면 작고 여린 새싹이 땅을 뚫고 나타납니다. 조금씩 자라고 성장하여 푸른 잎들이 나타나고 꽃이 핍니다. 때로는 비가 오고, 바람이 불고, 흔들리지만 가을이 어김없이 찾아옵니다. 가을이 되면 반드시 열매를 얻게 됩니다.

마찬가지로 기도라는 생명의 씨는 때가 되면 반드시 응답의 결실을 취하게 됩니다. 기도한 후에 당장의 현실을 보고 낙담하지 마십시오. 눈앞에 보이는 상황만 보고 의심하지 마십시오. 지금 기도는 이미 응답되고 있는 중입니다. 가을을 미리 바라보십시오. 이미 받은 줄로 믿고 의심하지 마십시오. 의심을 거절하십시오. 믿음의 말만 하십시오. "믿음은 바라는 것들의 실상이요 보이지 않는 것들의 증거"라는 히브리서 11장 1절의 말씀을 붙잡고, 벌써 감사하며 나아가십시오. 모든 의심을 버리고 끝까지 믿음으로 나아갈 때, 놀라운 응답이 기다리고 있을 것입니다.

3. 비난하지 않는다

이사야 58장은 금식기도에 관한 말씀입니다. 이스라엘 백성은 정기적으로 금식을 행했습니다. 그러나 하나님은 그들의 금식 기도를 듣지 않겠다고 선언하십니다. 그들이 금식하는 중에도 다투며 싸웠기 때문입니다. 미워하면서 하는 기도는 헛된 기도라는 것입니다. 또한 하나님께서는 주린 자에게 식물을 주며, 벗은 자를 입히며, 구제할 때에 속히 응답하겠다고 하셨습니다. 주위의 가난한 자들에게 사랑을 베풀 때 기도 응답이 속히 임한다는 말씀입니다.

특히 9절에서 "너희 중에서 멍에와 손가락질과 허망한 말을 제하여" 버리라고 경고하십니다. 손가락질(pointing finger)은 남을 지적하고 비난하는 것을 의미합니다. 허망한 말(malicious talk)은 악한 말을 의미합니다. 아무리 금식하며 기도해도 남을 비난하고 악한 말을 하면 우리의 기도를 듣지 않겠다는 말씀입니다. 참으로 두려운 말씀입니다.

자녀와 남편을 지적하지 마십시오. 비난하지 마십시오. 비난 대신 기도하십시오. 지적 대신 기도하십시오. 불평 대신 기도하십시오. 잔소리 대신 기도하십시오. 손가락질과 허망한 말을 제하여 버릴 때, 하나님은 우리 기도를 속히 응답하시겠다고 약속하셨습니다. 우리 가운데 비난이 떠나갈 수 있기를 바랍니다.

4. 부정적인 말을 하지 않는다

기도하는 사람의 가장 중요한 특징은 부정적인 말을 하지 않는다는 것입니다. 항상 선한 말과 긍정적인 말과 덕을 끼치는 말을 합니다. 상황이 아무리 어려워도 믿음의 말을 합니다. 그래서 그 사람 곁에 가면 어려웠던 문제도 쉽게 보입니다. 복잡한 문제도 단순히 풀리게 됩니다. 기도하는 사람의 생명의 언어 때문입니다. 언어가 곧 생명이기 때문입니다.

"그러므로 생명을 사랑하고 좋은 날 보기를 원하는 자는 혀를 금하여 악한 말을 그치며"(베드로전서 3:10)라고 한 것처럼 기도하는 사람은 그 입술로 궤휼과 악한 말을 내지 않아야 합니다. 대신에 "누구든지 스스로 경건하다 생각하며 자기 혀를 재갈 물리지 아니하고 자기 마음을 속이면 이 사람의 경건은 헛것이라"(야고보서 1:26)는 말씀처럼 기도하는 사람은 혀의 권세를 사용해야 합니다. 그래서 부정적인 말을 하면 경건은 헛것이 됩니다. 기도하는 아내는 믿음의 말만 사용합니다. 기도하는 아내는 고난 속에서도 믿음의 언어를 사용합니다. 그래서 결국 믿음으로 승리합니다.

🕐 **나눔** 나는 그동안 기도하는 아내였습니까? 기도했다면 어떻게 기도했습니까? 지금까지 당신의 기도의 모습을 돌아보십시오. 그리고 그동안 성경의 기도 원리를 따르지 못했던 것이 무엇이 있는지 깨달은 바를 나누어 보십시오. 예를 들면 "나는 중언부언하는 기도를 했다", "기도하면서 염려했다", "기도한 후에 부정적인 말을 많이 했다" 등의 고백을 나누어 보십시오.

3. 성령님의 음성을 듣는 아내

기도하는 아내는 하나님의 뜻을 분별해야 합니다. 하나님은 그분의 뜻대로 무엇을 구하면 들으신다고 약속하셨습니다. 그런데 주님의 뜻을 어떻게 알 수 있습니까? 주님의 뜻을 알려면 먼저 주님의 말씀을 늘 상고해야 합니다. 하나님의 말씀을 탐구해야 합니다. 오직 여호와의 율법을 즐거워하여 그의 율법을 주야로 묵상해야 합니다. "너희가 내 안에 거하고 내 말이 너희 안에 거하면 무엇이든지 원하는 대로 구하라 그리하면 이루리라"(요한복음 15:7)는 말씀처럼 주의 말씀 안에 거할 때 주의 뜻대로 구할 수 있게 되고, 그러한 기도는 속히 응답될 수 있습니다.

주님의 뜻을 분별하려면 성령님의 음성을 들을 수 있어야 합니다. 그런데 성령님의 음성을 잘 들으려면 늘 자신을 성결하게 지켜 나가야 합니다. 자신의 욕심과 생각을 내려놓아야 합니다. 또한 음성을 들었을 때는 하나님의 말씀에 늘 비춰 보아야 합니다. 말씀과 위배되는 것은 성령님의 음성이 아니기 때문입니다. 그래서 기도하는 아내가 되기 위해서는 매일 하나님의 말씀을 묵상하는 훈련을 해야 합니다. 하나님이 나에게 무엇을 말씀하시는지를 들어야 합니다. 자녀를 위해 기도할 때, 자녀에게 무엇을 말씀하시기 원하는지를 들어야 합니다. 남편을 위해 기도할 때, 남편에게 하시고 싶은 말씀이 무엇인지를 들어야 합니다. 그래야 모든 기도와 간구를 하되 항상 성령 안에서 기도할 수 있습니다. 예를 들면, 남편의 사업이 어려울 때 기도하는 아내는 이렇게 말해 줄 수 있어야 합니다.

"여보, 내가 당신을 위해 기도했는데, 하나님이 이렇게 말

**하나님의 음성을
분별하는 법**

1. 마음을 청결하게 하라.
2. 분주함을 내려놓아라.
3. 자신의 생각을 완전히 내려놓아라.
4. 하나님께 말씀해 주시도록 요청하라.
5. 마음의 평안을 확인하며, 조용히 기다리라.
6. 성경말씀과 위배되는 것은 하나님의 뜻이 아니다.
7. 하나님은 항상 건전하시고 선하시다.
8. 하나님은 항상 자녀들이 잘되기를 원하신다.
9. 하나님은 주위 사람들과 올바른 관계를 갖기 원하신다.
10. 영적으로 건전한 사람들의 의견을 참조하라.
11. 그리고 순종하기로 결단하라.

씀하셨어요. 당신은 하나님이 사랑하는 아들이라고, 하나님이 당신과 가까이하고 싶다고, 고난을 통해 더 가까이하고 싶다고, 그래서 고난을 통해 더 큰 복을 주시겠다고 하셨어요. 잠시 어렵겠지만 곧 돕는 자가 나타날 거라고, 그러니 사람을 찾지 말고 하나님을 바라보라고 하셨어요."

수능시험을 앞둔 자녀에게는 이렇게 말해 줄 수 있어야 합니다.

"내가 ○○를 위해 기도했는데, 하나님이 이렇게 말씀하셨단다. 너는 하나님께서 너무나 사랑하는 자녀라고 하셨어. 하나님께서 너의 앞날을 인도한다고 하셨으니 아무 걱정하지마. 너의 미래를 통해 하나님께서 반드시 영광받으실 거야. 시험을 잘 보든 못 보든 너는 잘되게 되어 있단다."

이렇게 말할 수 있는 당신은 기도하는 아내요, 기도하는 어머니입니다.

🍎 기도문

하나님 아버지, 그동안 기도하지 않고
염려했던 불신앙을 회개합니다.
아내로서 그리고 어머니로서
기도의 사명을 소홀히 했던 것을 회개합니다.
주님, 저의 기도생활을 도와주옵소서.
이제는 기도로 가정을 지키겠습니다.
기도로 남편을 보호하겠습니다.
기도하는 아내로 살겠습니다.
성령님의 음성을 들으며 살겠습니다.
기도하는 아내로서 믿음의 언어를 쓰며 살겠습니다.
예수님의 이름으로 기도합니다. 아멘.

◆ 오늘은 마지막 시간입니다. 지금까지 10단원의 과정을 훈련하면서 느끼고 경험한 것을 나누어 보십시오.

1. '성경적 아내 교실'을 공부하면서 나에게 있었던 변화를 간증해 보세요.

....

....

....

....

....

....

....

....

....

2. '성경적 아내 교실'에서 내가 가장 많이 배운 내용은 무엇이었습니까?

....

....

....

....

....

....

....

3. 앞으로 이 배움을 통해 아내로서 어떤 모습으로 살기를 원하십니까?

....

....

....

....

....

....

◆ 지금까지 함께 공부했던 옆에 계신 자매님과 두 사람씩 짝을 지어 보십시오.
서로의 기도제목을 나누십시오. 그리고 손을 잡고 서로를 위해 중보기도 하는
시간을 갖겠습니다. 시작하십시오.

....

....

....

....

....

....

◆ 서로 안아 주면서 "그동안 자매님과 함께 공부해서 행복했습니다.
당신은 사랑의 통로입니다"라고 격려하고 감사하며 축복해 주십시오.

....

....

....

그동안 수고 많으셨습니다!